Ute Lauterbach

# Raus aus dem Gedankenkarussell

## Wie Sie leidige Gedanken und Grübel-attacken genüsslich ins Leere laufen lassen

Kösel

Druck und Bindung: Pustet, Regensburg
Umschlag: Kaselow Design, München
Umschlagmotiv: Tony Cordoza/photonica
Illustrationen: Isolde Schmitt-Menzel
ISBN: 3-466-30651-5

*Für Dagmar O.*

*mit großer Dankbarkeit für*
*ihre ausgezeichneten Anregungen,*
*ihre Klarheit und Direktheit,*
*ihre Unkompliziertheit.*

# Inhalt

# Unsere Ausgangssituation

Was ist das wahre Ich? ... Das ist das, was du bist,
und nicht das,
was die anderen aus dir gemacht haben.

PAULO COELHO

Wir befinden uns meist nicht in fröhlicher Einheit mit allem Lebendigen. Glückseligkeit, innerer Frieden und Lebensfreude sind keine selbstverständlichen Dauergäste bei uns. Wir sind störbar; Kleinigkeiten reichen:

- der vor der Nase weggeschnappte Parkplatz
- der Anruf im ungünstigen Augenblick
- der unfreundliche Verkäufer
- der Partner, der Ihnen mit Begeisterung genau das als supertolle Idee vorschlägt, was Sie ihm selbst vor zwei Minuten gesagt haben
- der beleidigte Blick der Partnerin
- der missgelaunte Chef
- die nicht eingetroffene Bestellung
- der falsch ausgeführte Auftrag

Die Liste ist unendlich. Jeder hat einen eigenen Katalog an Spitzenrennern von Launenverderbern. Gemeinsam ist diesen inneren Störenfrieden, dass sie unsere Gedanken und Gefühle in Beschlag nehmen, obwohl wir das im Grunde nicht wollen. Gleichzeitig scheinen wir aber nur mit Mühe oder gar nicht in der Lage zu sein, sie wegzuschicken: Die Eifersucht zum Beispiel nagt penetrant, zieht einen Gedankenschwanz nach sich und schiebt einen weiteren vor sich her. Anders formuliert: Wir sind mit unseren Gedanken und

Gefühlen derart identifiziert, dass sie unser Ich ausmachen. Wir glauben schließlich zu sein, was wir denken und fühlen. Das mag ja noch akzeptabel sein, wenn sich dies auf freiwillige (= konstruktive, kreative, inspirierte) Gedanken bezieht oder es sich um Gefühle handelt wie Freude, Liebe, Lust, Begeisterung, Leichtigkeit. Aber kann akzeptabel und letztlich wahr sein, dass wir immer wieder Opfer unserer unfreiwilligen Reaktionen werden, dass unsere Gedanken und Emotionen uns im Griff haben und nicht wir sie? Bezeichnend ist, wie deutlich wir fühlen, nicht wir selbst zu sein, wenn wir uns beispielsweise im Opferstatus des Ärgerns über unsere Liebsten quälen. Die Alltagssprache sagt's schlicht: »Ich bin neben der Kappe« oder »von der Rolle«, »ich bin gar nicht ich selbst«, »ich erkenne mich selbst nicht wieder.«
Zum Glück sind wir nicht ausschließlich Opfer, also Marionetten unserer selbst, sondern auch konstruktiv gestaltende Akteure. Die heiße Frage ist: Wie können wir weniger vom einen und mehr vom andern sein? Wie können wir dazu beitragen, dass uns die pure Lebensfreude möglichst dauerhaft beseelt?

## Wie können wir das Karussell unfreiwilliger Gedanken verlassen?

Verweilen wir noch einen Moment bei unserer Ausgangssituation. Wir haben gesehen, wie sehr sie davon gezeichnet ist, dass wir Unbilden persönlich nehmen. Wenn mein Partner meinen Geburtstag vergisst, dann kann ich das schade finden. Wenn ich mir jedoch zusätzlich stunden- oder gar tagelang deswegen die Laune vermiese, werde ich zum doppelten Opfer: seines Vergessenhabens *und* meiner Privatinszenierung. Ich könnte auch denken, wenn er meinen Geburtstag vergisst, dann hat er entweder andere Werte, ein schlechtes Gedächtnis, ist nicht in der Lage zu geben, hat selbst wenig Zuwendung erfahren – was auch immer: Es ist sein Ding, nicht meins!

Eine Folge des Persönlichnehmens ist das ständige Rotieren unseres Denkapparats: Wir spielen die »Gemeinheit« immer wieder im Kopf durch, wir kommentieren, kritisieren, urteilen, vergleichen (Peter mit Klaus), klagen ... Andere unfreiwillige Mentalkreisdreher bestehen darin, dass wir alte Schmerzen assoziieren und ebenfalls durchleiern und, was noch schlimmer ist: Diese seelischen Altlasten stellen auch noch die Interpretations- und Wertungsbrille dar, mit der wir dann eine möglicherweise gänzlich andere Gegenwart vergewaltigen. Eine weitere Unfreiwilligkeit wird darin offenkundig, dass wir diesen unerledigten Seelenschrott einfach auf die Zukunft projizieren. Das heißt dann, dass wir uns Sorgen machen. Wir wissen, dass das völlig unsinnig und am Leben vorbei ist, aber es bedarf halt eines Trainings, um aus dieser Unfreiwilligkeit rauszukommen. Fatalerweise sind wir so mit unseren Sichtweisen und Konditionierungen verschmolzen, dass wir sie für unser Selbst halten, während sie doch in Wirklichkeit nur eine Reduktion unserer Möglichkeiten aufgrund einengender Prägungen darstellen. Es handelt sich eben nur um ein Phantomselbst, ein Schrumpfselbst, mit dem wir jedoch leider identifiziert sind. Diese Sozialisations- und Schmerzverkürzung unserer selbst können wir als Ego definieren. So sei hier die Unterscheidung von Ego und Selbst eingeführt. In einer zusammenfassenden Übersicht lassen sich folgende Merkmale auseinanderhalten:

| Ego | Selbst |
|---|---|
| verstricktes Opfer | konstruktiver Akteur |
| unfreiwillige Gedanken | erweiternde Intuitionen und Inspirationen |
| unfreiwillige Emotionen | erwünschte Gefühle |
| Identifikation mit den eigenen Erlebens- und Sichtweisen, mit der eigenen Vergangenheit | Freiheit |
| wertend und interpretierend | nichts hineindeutendes, also projektionsfreies In-Ruhe-Lassen |
| Ausschnitt, Reduktion | das Ganze |
| Vergangenheit, Zukunft | Gegenwart |
| funktionieren, rumrödeln | erfülltes Tun, kreatives Schaffen |
| Glück, Pech | Glückseligkeit |
| Abhängigkeit (zum Beispiel von der Meinung anderer) | Unabhängigkeit |
| keine Meise haben | eine Meise haben |

Unsere Ausgangssituation ist in Kürze, dass wir weitgehend im Griff der Egoseite sind und vieles persönlich nehmen, uns entsprechend ängstigen und verteidigen – und auch entsprechend einseitig wahrnehmen und interpretieren. Da vermeinen wir einerseits, mit unserer Vernunft Krone der Schöpfung zu sein und drehen andererseits derart in Mentalstrudeln, dass wir selbst unsere schlimmsten Feinde werden. Dabei ist der Intellekt doch auch sehr nützlich, wenn wir ihn gut zu gebrauchen verstehen. Stellen Sie sich folgende unerwünschte Situation vor: Sie hätten zwei Ratten im Keller. Wie reagieren Sie auf diese Vorstellung? Genau,

jeder reagiert auf seine Art! Helmut fühlt sich zum Hobbykammerjäger berufen und stellt sich frohlockend der Situation. Nora findet die Angelegenheit zwar lästig, aber handhabt sie, indem sie sofort Informationen einholt und eine entsprechende Fachkraft engagiert. Elvira nimmt die zwei Ratten als Zeichen, dass sie sich nun endlich den langersehnten Flötenunterricht gönnen sollte. Walter wirft sofort das Gedankenkarussell an: »Zwei Ratten! Noch im Keller, bald können sie in der oberen Etage sein. Die Kabel werden alle durchgefressen, alles wird angenagt. Die nachtaktiven Biester werden alles ruinieren, werden sich vermehren, werden das Haus unbewohnbar machen, die ganze Straße ist befallen, ach, Straße! die ganze Stadt wird von der Rattenplage heimgesucht. Die Kanalisation, das Trinkwasser, Lebensgefahr!« Walter hat schlaflose Nächte, ist ziemlich handlungsblockiert und aus zwei Ratten im Keller sind mindestens hundert in seinem Kopf geworden.
In ein und derselben Situation haben wir Helmut als konstruktiven Akteur und Walter als verstricktes Opfer. Helmut braucht natürlich seinen Verstand, um als Hobbykammerjäger erfolgreich zu sein. Walter hingegen gerät unfreiwillig in den Bann seiner schrecklichen Gedanken. Dem Verstand als solchem ist kein Vorwurf zu machen, ob er sich jedoch segensreich oder peinigend auswirkt, steht und fällt mit unserer Fähigkeit, ihn souverän zu handhaben. Zur souveränen Handhabung kann auch gehören, ihm mitunter das Zepter aus der Hand zu nehmen und es der Meise zu geben. Die Meise verfügt nämlich über viel Spielraum, weshalb sie uns beim Ausstieg aus dem Gedankenkarussell sogar Flügel verleiht. Sie trägt erheblich dazu bei, dass wir leidige Gedanken genüsslich ins Leere laufen lassen …
Gerne möchte ich Ihnen nun die Meise, von der hier erstmals die Rede war, genauer vorstellen. Es ist die Meise, die jemand hat oder eben nicht hat. Wie es heißt: »Der oder die hat doch 'ne Meise.« Also wer die Meise hat, sagt in der

Regel nicht, dass er sie hat; er hat sie einfach. Vielleicht kennen Sie jemand, der eine hat, oder womöglich sagen andere über Sie, dass Sie selbst eine hätten.

Entscheidend für unseren Zusammenhang ist, dass die Meisenbesitzer unbeschwerter, freier, gegenwartserfüllter, inspirierter und kreativer leben. Außenstehende, also Meisenverächter, urteilen deshalb abschätzig über die Meise, weil sie alle kontrollierenden Sachzwangsgedanken, alle Pseudowichtigkeiten nicht ernst nimmt. Wer sie hat – die Meise –, wird für komisch gehalten: bei dem piept's eben (das kommt von der Meise). Die Frage, ob Meisenbesitzer eine Volksgefährdung darstellen, müssen wir bei genauer Betrachtung nicht nur mit »nein« beantworten, sondern im Gegenteil feststellen: Die Meisen lockern eher auf, und wenn sie überhaupt eine Bedrohung sind, dann nur für die elenden Gedankendreher, die durch sie aus der Bahn geraten.

Unsere Ausgangssituation ist deutlich: Wir rutschen – durch sehr unterschiedliche Auslöser – in unfreiwillige Gedankendreher, die Freiheit, Lebensfreude und Souveränität grad mitzermalmen. Was sind im Angesichte dieser Situation wünschenswerte Ziele?

# Ziele

Wer alle seine Ziele erreicht, hat sie wahrscheinlich
zu niedrig gewählt.

HERBERT VON KARAJAN

Unser Ziel ist nahe liegenderweise, die oben aufgeführten attraktiven Merkmale des Selbsts mehr zum Zuge kommen zu lassen. Raus aus dem Egostress, hin zum Selbst! Also weniger Anstrengung, weniger Dreher im Kopf und mehr innerer Friede. Tragend für die Erreichung dieses Ziels sind zwei Punkte: erstens, dass wir in der Gegenwart leben und zweitens, dass wir in spürigem Kontakt zu uns selbst sind. In gewisser Weise bedingen sich beide Punkte, denn der spürige Kontakt ist nur in der Gegenwart möglich.

In der Gegenwart wach und präsent zu sein bedeutet das Sein, das Wesentliche, das Absolute, das Eigentliche – you may call it what you like – zu berühren. Das gelingt nur, wenn wir nicht verstrickt sind, also nicht mit unserem Gedankenkram identifiziert sind, nicht im Egofilm hängen. Entweder Gedanken oder Bewusstsein! Natürlich setzen die Gedanken Bewusstsein voraus, aber das Bewusstsein braucht keine Gedanken. Es wird sich seiner selbst nur inne, wenn eben gerade keine Gedanken da sind. Vermeintlich versuchen wir die störenden Gedanken loszuwerden, indem wir uns mit Alkohol, Arbeit oder anderen Ablenkungen zuschütten, bis keine Gedanken mehr da sind. Eine flotte Nummer – nur leider ein Irrtum, weil dadurch nicht nur die Gedanken, sondern auch die Wachheit versenkt sind. Letztere ist aber gerade Voraussetzung für die Selbstinnewerdung außerhalb aller Bedingtheiten. Um mit Ken

Wilber zu sprechen, Glückseligkeit ist nicht prärationale Verkürzung unseres geistigen Potenzials, sondern transrationale Befreiung von allen egozentrischen Verhaftungen. Also nicht retour, sondern vorwärts!
Diese Selbstinnewerdung außerhalb aller Bedingtheiten bedeutet, dass ich mir selbst nicht mehr im Wege stehe; was impliziert, dass ich nicht nur ein Maximum an Kontakt zu mir selbst habe, sondern zum Leben schlechthin. Sich seiner selbst innewerden, nicht der eigenen Programme, Werte, Konditionierungen, Wünsche, Nöte, des eigenen Charakters – nur seiner selbst. Im Zen ist so schön die Rede vom »ursprünglichen Gesicht, bevor deine Mutter und dein Vater geboren wurden!«
Die Erfahrung der Selbstinnewerdung, der Selbstreflexion, der »Erleuchtung«, der Verbundenheit mit dem Sein ist nichts Abgehobenes, sondern uns allen mehr oder weniger tief und breit bekannt oder sogar vertraut. Es handelt sich um die kostbaren Momente des – wie wir sagen – Aus-der-Zeit-gehoben-Seins. Wobei die Zeit, aus der wir herausgehoben sind, die lineare Abhakzeit, der zu managende Zeitstreifen ist, der in Vierundzwanzig-Stunden-Blöckchen wiederkehrt. Diese Zeit versinkt und stattdessen befinden wir uns für selige Momente in der stillstehenden Gegenwart, in einer Art Zeitlosigkeit. Bezeichnend für solche Augenblicke oder Minuten, gar Stunden oder Tage ist,

- dass sie sich meist überraschend ereignen,
- dass wir nicht rumhirnen, solange sie währen,
- dass sie uns von unseren Belangen – kurz: von uns – erlösen,
- dass sie uns eine unbeschreibliche Lebensfreude erleben lassen,
- dass in ihnen die Zeit stillsteht.

Genau das ist das sich über alles lohnende Ziel, auf das wir zusteuern: mehr Gelassenheit durch den Sprung aus unfreiwilligen Gedankendrehern. Soll heißen: mehr Glückseligkeit durch weniger Selbstverhinderung, eben weniger Egospuk. Bevor wir diesen Spuk anhand von 22 Strategien ganz konkret platzen lassen, betrachten wir jetzt noch einen ganz grundlegenden Kniff, mit dem wir die Gefahr, in unser Gedankenkarussell einzusteigen, deutlich reduzieren können. Es gilt zu unterscheiden zwischen dem, was wir ändern können, und dem, was wir nicht ändern können. Was wir in gewissem Rahmen ändern können:

- uns selbst,
- einige unserer Umstände.

Was wir nicht ändern können:

- die Vergangenheit,
- viele äußere Umstände,
- Gegebenheiten der Natur,
- Verhalten und Wesen anderer.

Logischerweise sind wir automatisch in einer Ohnmachtsposition, wenn wir nicht Änderbares dennoch ändern wollen. Dadurch landen wir unvermeidlich in einem Kampf gegen die Realität, die natürlich am längeren Hebel sitzt. Dieses nutzlose Aufbegehren gegen die Realität treibt unser Gedankenrädchen natürlich auf Hochtouren. Zwei Beispiele zur Veranschaulichung:

1. Elvira versucht nunmehr im fünften Jahr vergeblich ihren Partner Willi dahingehend zu ändern, dass er ganz von selbst samstags Getränke einkaufen, den Rasen mähen und den Müll runterbringen möge. Dass er das einfach nicht macht, interpretiert (!) Elvira als Ablehnung und steigt in nicht endende gedankliche Schmerzdreher ein. Ihr Frust ist vorprogrammiert, weil sie sich mit ihren Erziehungsbemühungen in Willis Befugnisbereich begeben hat – also das nutzlose Bestreben, in eine Angelegenheit einzugreifen, die ihrem Willen oder Gestal-

tungsradius gar nicht unterliegt. Von Willis Reaktionsgedankenkarussell sprechen wir gar nicht erst.

2. Werner ärgert sich über das schlechte Wetter in seinem Urlaub. Der Dauerregen bietet seinem Kopf reichlich Rotationsmaterial: »Ich hätte eben doch nach Spanien fahren sollen, dieser blöde Regen hier! Elke hat mir den idiotischen Tipp gegeben, in Schottland Urlaub zu machen!« Mit vielen Variationen zum Thema: »Spanien, Regen, Elke« verheizt er seine Gelassenheit und vermiest sich den Urlaub. So kämpft er gegen die Realität – nämlich das Wetter in Schottland – und verliert. Er kämpft auch gegen die Tatsache, dass er jetzt in Schottland und nicht in Spanien ist. Elke macht er zum Sündenbock, anstatt sich im eigenen Machbarkeitsbereich umzuschauen und konkret zu überlegen, wie er jetzt unter den gegebenen Umständen das Beste aus seinem Urlaub machen könnte. Mit dieser Überlegung würde er in den Bereich des Veränderbaren wechseln, wodurch seine Gedanken sofort in eine konstruktive Richtung kämen.

Unser Ziel, das Beenden von Egostress mit hirnlicher Dreherei, können wir viel leichter erreichen, wenn wir uns immer klarmachen, ob wir uns gerade mit nicht Veränderbarem aufhalten oder ob wir darüber nachdenken, wie wir Veränderbares gestalten möchten. Sodann geht es »nur« noch darum, die Eitelkeit des Kampfes gegen die Realität tief zu begreifen und konsequent diese Fehlspur zu verlassen. Unfreiwillige Denkerei können wir im Vorfeld vermeiden oder durchbrechen, indem wir uns immer wieder fragen:

➢ Befinde ich mich gerade in meinem Befugnisbereich? (Gut, denn dann kann ich geradeaus, handlungsorientiert, konstruktiv denken.)
➢ Befinde ich mich in einer fremden Angelegenheit – die einer anderen Person, Vergangenheit, Naturgegebenhei-

ten? (Aussichtslos, weil dann jedes Ändern-Wollen nicht mehr meinem Handlungsradius unterworfen ist, wodurch sich meine Gedanken immer wieder an der Realität brechen und in ohnmächtigen Drehern an meiner Energie zehren.)

Wahrzunehmen, ob wir uns im eigenen Revier, der eigenen Handlungsdomäne befinden oder eben nicht, gewährt schon ein Stück Souveränität: So stellen wir einen gewissen Abstand her, durch den wir unser Gedankenkarussell entautomatisieren! Unser egobedingtes Karussell wird geschwächt. Falls Sie sich gerade fragen, wieso das Gedankenkarussell egobedingt ist, mag ein kleines Experiment die Antwort liefern. Stellen Sie sich vor, Sie hören, dass der Koffer von irgendeinem Reisenden versehentlich im Flieger nach Honolulu gelandet ist. Das ist Ihnen wahrscheinlich ziemlich gleichgültig und bringt Sie erst aus der Ruhe, wenn Sie noch zusätzlich erfahren, dass Sie selbst dieser Reisende sind, es sich also um *Ihren* Koffer handelt. Erst jetzt flattert das Ego und startet unter Umständen Gedankenrotationen.
Besinnen wir uns auf unser Ziel: Raus aus der Birne, dem Egospuk und hin zu der Souveränität einer abständigeren Betrachtungsweise, wie sie dem oben dargestellten »Selbst« eigen ist (vgl. die Tabelle auf Seite 12).
Denn: Wer ließe leidige Gedanken nicht gern ins Leere laufen?

# Bewusstsein oder Gedanken

Unser Denken schafft Probleme,
die auf derselben Ebene des Denkens
nicht gelöst werden können.

ALBERT EINSTEIN

Wir können Ego und Selbst mit einem Bild veranschaulichen: Das Ego entspräche einer Schachfigur, die auf ihr Wohl bedacht ist, angreift, sich in Deckung begibt und angegriffen wird. Die Schachfigur kreist beispielsweise gedanklich um das bedrohliche Pferdchen des Gegners. Das Selbst wäre eher mit der Schachspielerin vergleichbar. Diese sieht das ganze Spiel gleichsam aus der Adlerperspektive, hat den souveränen Überblick und die Entscheidungsgewalt. Auch wenn der Vergleich hinkt, mag er darstellen, inwiefern die Figur im Griff identifizierter Ego-Gedanken dreht und inwiefern der Schachspieler eher auf der Seite des Abstand wahrenden Bewusstseins anzusiedeln ist.
Die für unsere Gelassenheit entscheidende Frage ist, ob wir hauptsächlich als Schachfigur leben oder immer mehr als Schachspieler oder Schachspielerin. Nehmen wir noch einmal den Koffer, der im falschen Flieger nach Honolulu unterwegs ist: Die Schachfigur ist natürlich maximal mit ihrem Koffer identifiziert und reagiert in etwa so: »Ach, du je, mein Koffer ist weg! Der Urlaub ist verdorben! (unrealistische Übertreibung) Wie entsetzlich! (einseitige Wertung) Diese blöde Fluggesellschaft ...« (Fluggesellschaft wird zum Sündenbock erklärt. Verantwortung ist damit abgegeben.) Die bewusstere, souveränere, mehr Abstand wahrende Haltung des Schachspielers könnte so aussehen: »Aha, mein

Koffer unterwegs nach Honolulu. (Anerkennung der Realität) Was kann ich jetzt tun? (Frage, mit der die eigenen Ressourcen aktiviert werden) Ich kann eine Suchmeldung und einen Rückführungsantrag ausfüllen, mir bestimmte Artikel besorgen und dann einfach mit leichtem Gepäck weiterreisen.« (Das Machbare und Notwendige wird angepeilt und überdies wird der Situation noch eine positive Seite abgewonnen.)
Betrachten wir das Thema »Gedanken oder Bewusstsein« noch etwas genauer. Das gedanklich und emotional nicht verschattete Bewusstsein ist das pure Gewahren der Gegenwart, ist personifizierte Gelassenheit, Lebensfreude und Freiheit, pures Schachspiel, bei dem es nur um das Spiel geht – egal, ob Weiß oder Schwarz gewinnt. Wir können Bewusstsein verstehen als bewusstes Sein: Ich *bin* ganz bewusst, ich bin mir meines Seins bewusst. Oder in der Alltagsauslegung des Wortes: Etwas ganz bewusst zu tun bedeutet, es mit ungeteilter, eben voller Aufmerksamkeit zu tun, *ganz* bei der Sache zu sein, ohne gedanklich oder emotional abzuschweifen. Wenn ich bewusst bin, bin ich ganz präsent, ganz wach, ganz da. Im Präsentsein ist das In-der-Gegenwart-Sein immer schon enthalten. Wir unterscheiden hier zwei Inhaltskategorien des Wachseins: Erstens kann ich wach sein beim Tun, zweitens kann ich einfach nur wach sein ohne zusätzlichen Inhalt, auf den sich mein Wachsein bezieht. Letzteres meint der berühmte und häufig missverstandene Satz von Descartes: »Ich denke, also bin ich.« Verkürzt meint Descartes, dass wir an allem, was uns die Sinne liefern, zweifeln können. Glauben wir, ein Reh zu sehen, kann es sich doch als Täuschung herausstellen und wir bemerken, dass das »Reh« ein Baumstumpf war. Jedes Urteil, wie Reh, kann falsch sein. Das Einzige, so Descartes, woran sich nicht zweifeln lässt, ist die Tatsache, dass wir Bewusstsein haben. So ist sein »Cogito, ergo sum« also zu verstehen.[1] Mit dieser bahnbrechenden Erkenntnis

erhält das Bewusstsein einen ganz eigenen und neuen Stellenwert und markiert deshalb die Wende zur Neuzeit der Philosophie. Der uns eine Bahn brechende Knüller dieser Erkenntnis ist in aller Schlichtheit, dass dem materialistischen Weltbild, nach welchem nur das Materielle real ist, eine neue Größe gleichmächtig – wenn nicht mächtiger! – gegenübergestellt wird: nämlich das Bewusstsein. Ken Wilber fasst es so zusammen:

»Das Innen der Dinge ist Bewusstsein, das Außen der Dinge ist Form ...
Das Innen der Dinge ist Tiefe, das Außen ist Oberfläche.«[2]

Unser viel praktischeres Anliegen ist ja die Befreiung vom Gedankenkarussell, vom Verstrickungsklammergriff des Egos. Da wirft uns, wie wir sehen werden, das Bewusstsein tolle Rettungsanker zu.

Die Befreiungsmöglichkeiten auf dem Weg »Bewusstsein oder Gedanken« setzen die Unterscheidung von Bewusstsein einerseits und Gedanken andererseits voraus. Allerdings lassen sich unter dem Sammelbegriff »Gedanken« nochmals verschiedene Formen differenzieren. Da uns jedoch nur eine Art der Gedankenproduktion im Karussell landen lässt und somit für unsere Lebensfreude abträglich ist, müssen wir exakt verstehen, wie die unterschiedlichen Gedankenkategorien zu definieren sind. Nur dann werden wir erfolgreich und effizient mit der abträglichen Denkerei umspringen können. Wir differenzieren also:

INSPIRIERTE GEDANKEN werden im kreativen Schaffen benötigt, beispielsweise bei der Komposition eines Musikstücks oder der Gestaltung eines Blumenbeets. Sie sind beflügelnd und werden als erweiternd erlebt. Sie stellen somit keine Beeinträchtigung unserer Lebensfreude dar.

ABSTRAKTE GEDANKEN sind vom konkreten Einzelfall, vom Dinglichen gelöst. Sie benennen etwa, was das allgemeine Prinzip hinter den Erscheinungsformen ist. Sie nehmen deshalb eine übergeordnete Warte ein, anstatt sich blickwinkelverengend an konkreten Details festzubeißen. So verschaffen sie in der Regel Überblick und Abstand – einerlei, ob sie formal-, geistes- oder naturwissenschaftlicher Art sind. Es kennzeichnet sie ein hoher Freiwilligkeitsgrad, weshalb sie ebenfalls zuträglich sind.

VISIONÄRE PHANTASIEN UND TAGTRÄUME, mit denen wir über uns hinauswachsen, sind ebenfalls erweiternd und beflügelnd und daher als Stabilisatoren unserer Lebensfreude zu betrachten.

ZWECKORIENTIERTE GEDANKEN, wie sie im Dienst der konkreten Alltagsbewältigung angemessen und nützlich sind, vereinfachen unser Leben, da sie eine rationelle Befriedigung der Grundbedürfnisse gewähren und die Lästigkeiten des Alltags klein halten.

BELASTENDE GEDANKEN sind Killer der Gelassenheit und der Lebensfreude; sie sind unfreiwillig und unproduktiv. Meist treten sie mit einer unerwünschten Eigendynamik auf, belagern unseren Kopf und unsere Gefühle und gehen nur allzu oft im Kreis herum. Ihre Lieblingsauftritte sehen so aus:

- »Ach, was soll nur werden.« – Sorgen um die Zukunft
- »Nein, was war das schrecklich.« – Bitterkeit, Nachtragen, Groll, Angst vor Wiederholungen mit entsprechenden Verteidigungsmechanismen
- »O je, es war so schön, aber ist unwiederbringlich vorbei.« – Versperren neuer, schöner Perspektiven für Gegenwart und Zukunft.

Gemeinerweise halten sich diese belastenden Gedanken ziemlich penetrant, weshalb wir zunächst noch ihre Hintergründe verstehen wollen, um ihnen dann im praxisnäheren Teil dieses Buchs systematisch zu Leibe zu rücken.

Denn: Wer denkt schon gern im Kreis? Lassen wir die leidigen Gedanken lieber ins Leere laufen!

# Hintergründe belastender Denkerei

Wir sehen die Dinge nicht, wie sie sind,
wir sehen sie so, wie wir sind.

ANAÏS NIN

Wir sehen deutlich, dass die belastenden Gedanken keinen konstruktiven Bezug zur Gegenwart haben. Entweder sie wandern sorgenvoll in die Zukunft: Diese ist einerseits nie real lebbar und andererseits dient sie oft nur als Projektionsfläche für unsere Sorgen und Befürchtungen, wodurch die Gegenwart verdorben und verpasst wird. Oder die leidigen Gedanken klemmen in der Vergangenheit fest, was uns abermals den Zugang zur Gegenwart verbaut. Das ist so bedauerlich, weil die Gegenwart die einzige Zeit ist, in der wir unser Leben wirklich genießen, gestalten und voll spüren können. Durch das gedankliche Abwandern in die Vergangenheit, Zukunft, Nöte, Ängste und Sorgen wird jedoch ein intensives Erleben der Gegenwart unmöglich. Und warum fällt es uns so schwer, diese gegenwartsverstopfenden, belastenden Gedanken abzuschütteln? Die Psychomechanik hinter dieser unproduktiven Eigenart ist folgende: Irgendwann ist durch irgendwelche Umstände unsere Unbefangenheit auf der Strecke geblieben; wir haben miese Erfahrungen gemacht und wollen diese nicht wiederholen. So passen wir also auf, dass alte Verletzungen nicht wieder zum Zuge kommen, zum Beispiel,

- dass wir nie wieder ausgelacht werden,
- dass unser Selbstwert nie wieder attackiert wird,

- dass wir nie wieder verlassen werden,
- dass wir nie wieder für dumm gehalten werden,
- dass uns nie wieder jemand über den Mund fährt,
- dass wir nie wieder übervorteilt werden – und ewig so weiter: Jeder hat eine ganz eigene Liste.

Mit diesem Aufpassen ist unsere Wahrnehmung selektiv geworden, weil sie auf die jeweiligen Alarmbereiche geeicht wurde. Im Bemühen, uns vor der Wiederkehr des Schlimmsten zu schützen, reduzieren wir unsere Wahrnehmungsbreite, etablieren unsere Abwehrmechanismen und unser Weltbild und müssen zu unserem Entsetzen feststellen, dass das Gemeinste doch passiert: Nämlich gerade durch unsere Anstrengungen, alte Schmerzen zu vermeiden, beschwören wir sie herauf. Fatalerweise führt das dreckige und erbarmungslose Zuschlagen des viel zitierten Wiederholungszwangs jedoch meist nicht dazu, dass wir endlich klüger werden, sondern eher dazu, dass wir noch dümmer werden, indem wir unsere vermeintlichen »Schutz«- und Abwehrmechanismen noch fester zurren. Wenn der Wiederholungszwang grüßen lässt, könnte die befreiende Devise in folgenden Varianten formuliert werden:

- Fettnäpfe sind zum Reintreten und nicht zum Vermeiden da!
- Entspannt an der Angst entlanggehen!
- Fehlerfroh ans Werk!
- Mal sehen, ob es mir gelingt, unrecht zu behalten.
- Dem Befürchteten eine Chance geben!
- Ich investiere mich ganz.
- Es lebe das Gegenteil von dem, was ich zwanghaft vermieden habe!
- Her mit der Blamage!
- Das Böse der gemeinen anderen mache ich auf sportliche, leichte Art selbst: Ich bin laut, frech, sexuell draufgängerisch, unverschämt, wild und unerzogen.

Betrachten wir das Beispiel von BRUNHILD, die sich die Gegenwart am paradiesischen Urlaubsort gerade vermiest. Das Meer ist klar und blau, die Sonne scheint, die anderen Touristen sind gerade nicht da, alles wäre so wunderbar, wenn Brunhild nicht der Gedanke quälte, ob sie daran gedacht hat, der Nachbarin ihren Hausschlüssel hinzulegen. Sie ist nicht sicher. Theoretisch könnte sie die Nachbarin einfach anrufen, aber wenn sie an den Schlüssel gedacht hätte, stünde sie blöd, quasi dement in deren Augen da. Das will sie auf keinen Fall, denn ihr Vater hat sie früher immer als etwas dümmlich hingestellt. Diesen Schmerz will sie sich nicht selber antun, indem sie durch einen Anruf die Nachbarin auf ihre Unsicherheit aufmerksam macht.
Aber hat sie jetzt den Schlüssel hingelegt oder nicht? Wenn sie ihn nicht hingelegt hätte, wäre der Anruf dringend nützlich, denn dann könnte Peter, ein Freund, der einen weiteren Zusatzschlüssel hat, diesen der Nachbarin bringen. Zwar ist Peter unzuverlässig, aber einen Versuch wäre es wert. Es geht so aus: Brunhild quält sich noch drei Tage, indem sie unaufhörlich (!) Gedankenrundgänge obiger Art durchleiert und sich schließlich zu einem Anruf bei der Nachbarin durchringt, jedoch mit der festen Absicht, sich auf keinen Fall als dümmlich oder vergesslich bloßzustellen. Sie will die Beleidigungen ihrer Kindheit nicht wiederholen! Hier das Telefongespräch:

BRUNHILD: Guten Tag Frau Schneider, hier ist Wagner, Brunhild Wagner.
FRAU SCHNEIDER: Ja hallo, Frau Wagner! Sie rufen aus dem Urlaub an! Ist etwas passiert?
BRUNHILD: Nein, hier ist alles bestens. Die Sonne scheint. Und bei Ihnen?
FRAU SCHNEIDER: Alles einigermaßen gut.
BRUNHILD: *(besorgt an ihren Schlüssel denkend)* Wieso nur einigermaßen?

FRAU SCHNEIDER: Mein Jüngster hat die Masern. Aber das geht auch vorbei und ich will Sie damit nicht im Urlaub behelligen. Warum rufen Sie denn an?
BRUNHILD: Ich wollte mich nur erkundigen, ob alles in Ordnung ist.
FRAU SCHNEIDER: Ja, ja – wie gesagt bis auf meinen Sohn.
BRUNHILD: Und sonst so?
FRAU SCHNEIDER: *(mit Nachdruck)* Sagte ich doch gerade, alles so weit in Ordnung, bis auf die Masern.
BRUNHILD: Ah ja, alles?
FRAU SCHNEIDER: Frau Wagner, geht es Ihnen gut? Haben Sie vielleicht einen Sonnenstich?

An dieser Stelle des Gesprächs schnappt das Wiederholungskläppchen wieder zu. Brunhild ist verletzt. Sie hätte den ganzen inneren Terror fettnapfbereit direkt am ersten Tag mit folgendem Telefonat abkürzen können:

BRUNHILD: Hallo, Frau Schneider, hier ist Wagner. Ich bin unsicher, ob ich dran gedacht habe, Ihnen den Schlüssel hinzulegen – so weit ist es schon mit mir. Demenz im Anzug!
FRAU SCHNEIDER: Ja, Frau Wagner, Sie können sich entspannen; ich habe den Schlüssel gefunden. In der Aufbruchshektik vor der Abfahrt kann man sich auch nicht alles merken, das geht mir genauso.
BRUNHILD: Ach, dann ist ja alles in Ordnung. Vielen Dank!
FRAU SCHNEIDER: Machen Sie sich einen schönen Urlaub und kommen Sie wohlbehalten wieder heim.

Es ist fast schon lustig zu sehen, mit welcher Sicherheit unsere Abwehr- und Verteidigungsmaßnahmen genau das hervorrufen, was wir vermeiden wollen. Im ersten Telefonat und im quälenden Präludium hatte Brunhild keinen Abstand zu ihrer Wiederholungsangst, sondern lief im

Geschirr ihrer Ängste und wurde zum Opfer leidiger Gedanken. Damit siegt ihr im Laufe der Jahre zusammengebasteltes und von ihr selbst geglaubtes Ego. Ihre besseren Möglichkeiten treten nicht auf den Plan. Falls Brunhild dieses Buch in die Hände bekommt und die nun folgenden Impulse in ihren Alltag integriert, wird sie etliche Register zum Entschärfen unfreiwilliger Gedanken ziehen können.

# Das Gedankenkarussell verlassen

Verbissenheit geht am Wesentlichen vorbei.

JACK KORNFIELD

Es ist eine erstaunliche Tatsache, dass wir den Umgang mit belastenden Gedanken nie gelernt haben. Wir üben zwar Auto fahren, Klavier und Tennis spielen, Pizza backen und mit dem PC umgehen – wir üben alles, bis wir es beherrschen. Merkwürdig, dass wir kaum gewappnet sind, wenn uns unerwünschte Gedanken belasten. Da rät man uns immer wieder, gelassen zu bleiben, aber *wie* das gelingt, erzählt uns keiner. Hinzu kommt, dass niemand gern im Kreis denkt, denn solche Kreisgedanken sind eine besonders weit eindringende Form der inneren Umweltverschmutzung. Schaffen wir also Abhilfe!

Die nun folgenden Ausstiegsimpulse sind vier verschiedenen Kategorien zugeordnet:

1. Bewusstsein oder Gedanken
2. Ganz normales Leid bändigen
3. Selbst gestricktes Leid auflösen
4. Der Gegenwart innewerden

Ziel und Anliegen aller Impulse ist

- ➢ der Ausstieg aus dem Karussell unfreiwilliger Gedanken
- ➢ dadurch weniger Verklebung mit der egozentrischen Schachfigurenperspektive

- wodurch sich automatisch mehr Leichtigkeit, Gelassenheit, Freiheit, Gegenwartsbewusstsein und Lebensfreude ausbreiten können und
- über allem: der freie Flug der Meise!

Sprungschanze und -chance ist dabei ganz exklusiv unsere innere und äußere Realität. Mit anderen Worten: Wir klimmzügeln uns nicht zu irgendwelchen Idealen hin, fordern nichts Unmögliches von uns, sondern kommen bereits dadurch zu uns, dass wir uns selbst zum Ausgangspunkt allen Übens nehmen. Dadurch liegt bereits im Versuch der Erfolg größerer Nähe zu sich selbst bei gleichzeitig wachsendem Abstand zur Verstricktheit. Ich wünsche Ihnen viel Spaß!

## Die Stimme im eigenen Kopf wahrnehmen

Anstatt eindimensional mit den belastenden Gedanken identifiziert zu sein, errichten wir eine Art zweite Dimension, eine Metaebene, sozusagen die Schachspielerebene, von der aus wir die Gedanken, die sich unfreiwillig in uns ausbreiten, beobachten. Was immer die Stimme in unserem Kopf blubbert, wir nehmen es ganz bewusst wahr, ohne es zu bewerten. Die Bewertungsabstinenz verlangt uns eine gewisse Wachheit ab, wodurch die *beobachtende Instanz* gestärkt wird. Der Gag bei dieser Strategie ist, dass die Wachheit des Beobachters nicht ebenfalls ein Gedanke ist. So wird in einen gnadenlos unwillkürlichen Gedankenstrudel ein willkürliches, Abstand gewährendes Element eingeführt. Dadurch verschiebt sich der Akzent: Vom Zwangslauf der Gedanken zur Freiheit des Beobachters. Mit einiger Übung wird die betrachtende Instanz so stark, dass die Gedanken aufhören und eine, um mit Plotin zu sprechen, »Pause im Getümmel« der Gedanken entsteht. Sowie eine Pause da ist, kann das Bewusstsein durch diese Lücke scheinen, was wir als Stille und Frieden erleben.

So können Sie diesen Impuls für sich nutzen: Nachdem Sie festgestellt haben, dass Sie im Gedankenkarussell sitzen, fragen Sie sich: »Was denkt es denn gerade in mir?« Und dann beobachten Sie das Karussell mit einer Art »interessierter Teilnahmslosigkeit«. Diese widersprüchliche Formulierung soll die angestrebte Beobachterhaltung verdeutlichen: Zum einen findet es der beobachtende Egon wirklich interessant, dass er sich wegen seines fehlgeleiteten Koffers fertigmacht; zum andern bleibt er unverstrickt, teilnahmslos. Nach dem Motto: Mein Koffer ist nur *ein Koffer*.

Und wie kommt BRUNHILD mit dieser Strategie zurecht? Sie hockt also am Strand und die Stimme in ihrem Kopf serviert ihr gerade den Schlüssel- und Dümmlichkeitssalat. Sie hat schon jeglichen Bezug zu Strand, Sonne und Meer – also zur Gegenwart – verloren, als sie sich sagt: »So jetzt beobachte ich einfach nur, was da in meinem Kopf abgeht.« Sie konstatiert, ohne zu bewerten: Schlüssel vergessen hinzulegen oder doch nicht, Unsicherheit, Vater, Peter, Bloßgestelltwerden, Dümmlichkeit, Nachbarin, Angst, Gesicht verlieren, wieder Vater ... Sie beobachtet weiter und bemerkt, wie sich zunächst ihr Unwohlsein auflöst und dann die Gedanken selbst. Sie spürt die Kraft, die aus der Souveränität des Beobachtens kommt, und nutzt sie, um direkt die Nachbarin anzurufen. Brunhild erlebt, dass sie mehr ist als ihr Gedankenfilm.

**Selbsterforschungsfragen**

- Wer oder was fühle ich zu sein, wenn ich ganz wach und präsent bin, aber nicht denke?
- Was ist der Unterschied zwischen »ich bin« und »ich bin dies und das«?

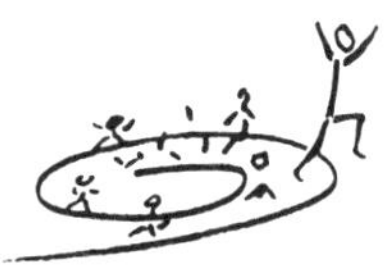

Wer durch die bewusste Wahrnehmung der Stimme im Kopf aus dem Gedankenkarussell ausgestiegen ist, genießt die Freiheit des unverstrickten Beobachters.

**Es geht also darum,**

dass wir zunächst einmal unterscheiden zwischen der betrachtenden Instanz in uns und dem persönlich befangenen Anteil. Sodann können wir wahrnehmen, wie eine ganz entscheidende Akzentverschiebung stattfindet, wenn wir uns nicht mehr sogartig in leidige Gedanken hineinzoomen.

Wir lassen sie stattdessen elegant ins Leere laufen, indem wir mit dem Betrachter in uns identifiziert sind und so den personhaften Befangenheitskäfig transzendieren. *Ken Wilber* formuliert diesen Gedanken so:

»Der Betrachter in Ihnen ... transzendiert die isolierte Person und öffnet sich einer ungeheuren Weite des Bewusstseins: Hier ist man nicht mehr so ausschließlich mit dem individuellen Körper und Geist beschäftigt, hier geht es nicht mehr um die Achtung oder Mißachtung der Person, und die flüchtigen Freuden und privaten Kümmernisse des vereinzelten Ich üben keine Faszination mehr aus. Hier steht man still und schweigend und bildet eine Lichtung, eine Öffnung, durch die Licht fällt, aber nicht aus der Welt herein, sondern in die Welt hinaus – es ›scheint ein Licht durch uns auf die Dinge.‹«[3]

Vielleicht scheint dieses Licht durch uns auf die Dinge, weil die Leere, in die wir unsere Gedanken haben laufen lassen, keine Schatten mehr werfen kann?

### Ihre Meinung zu dieser Frage

### Was die Meise sagt

»Genau so ist es! Gedanken weg – Schatten weg. Das Licht der Bewusstheit hat freie Bahn. Als Dauerzustand wär's ein Dauerfest. Aber ...«

# Wenn Gedanken im Kopf

## dann übertönen wir uns selbst.

## Ausstiegsimpuls »dahinterhören«

Ich höre zu mir hin
– hinter die Kreiselstimme
in meinem Kopf.

# kreiseln ...

Wenn nicht, dann wäre vielleicht
doch noch die mutige Meise
aber kann man wissen,
was geschehen wäre,
wenn die Gedanken
nicht im Kreis
immer wieder
herum und
umsonst
herum-
gekrei-
selt
w
ä
r
e
n
?

**Wer seine Konzentration
auf die Wahrnehmung
seiner Gedanken richtet,
gewinnt Abstand zu ihnen.**

## Bewertungen und Etikettierungen wahrnehmen und durchbrechen

Unser Verstand hat die Eigenschaft, immer wieder zu bewerten und Menschen sowie Dinge zu etikettieren: Herr Schubert ist bescheuert, Frau Luckersteig riecht irgendwie, das Wetter an der Nordsee ist eine reine Katastrophe. Mit solchen Urteilen wird keine sachdienliche Information geliefert. Präziser ist: Herr Schubert hat in seinem Wohnzimmer zwanzig Katzen, Frau Luckersteigs Parfüm riecht wie Müsli, an der Nordsee hat es im Juli an einundzwanzig Tagen im Schnitt drei Stunden täglich geregnet. Durch solche Präzisierungen sind wir viel bewusster und bleiben objektiv, anstatt zu viele Kinder mit dem Bade der Rundumverdammung auszuschütten. Der Nachteil einer zu subjektiven Einseitigkeit ist, dass wir die Wirklichkeit gemäß unserer Wertungen verkürzen und damit auch unsere eigenen Möglichkeiten reduzieren. Beides könnte uns ziemlich egal sein, wenn es nicht noch einen Hauptnachteil gäbe: Der besteht darin, dass emotionsgeladene, einseitige Bewertungen die Tür zu unserem Gedankenkarussell einladend öffnen oder, noch krasser, uns bereits in unfreiwillige Hirnrotationen versetzen.

Psychologischerweise entspringen emotional wertende Etikettierungen nicht einem neutralen, friedlichen Seelenklima, sondern sie sind Auswurf von irgendeiner grolligen Missbefindlichkeit. Mitunter äußert sich so die oben ausgeführte sündenbockpflegerische Wilderei im Seelenrevier des andern. Ebenso häufig wird nicht gelebtes eigenes Potential in Form von negativen Etikettierungen auf den lieben Mitmenschen projiziert; ihm kreiden wir an, was wir selbst nicht leben. Je schneller und emotionsgeladener sich unser Gedankenkarussell dreht und je krasser die Bewertungen sind, mit denen wir um uns schlagen, umso sicherer können wir sein, dass verdrängte eigene Anteile auf sich aufmerksam machen möchten. Das gelingt ihnen freilich nicht, wenn wir das Schwungrad mieser Etikettierungen und das heißt unfreiwilliger Gedanken immer weiter auf Touren jagen. Durch dieses Spektakel verabschieden sich überdies wieder Gelassenheit, Lebensintensität, Gegenwartsanbindung, Freiheit und alles, was Sie an weiteren Merkmalen auf der Selbst-Seite in der Tabelle auf Seite 12 finden. Um diesem Spuk zu entrinnen, könnten wir *Projektionen erkennen und zurücknehmen*[4] oder wir versuchen wirklich, die *Bewertungen und Etikettierungen wahrzunehmen und zu durchbrechen.*

Und so können Sie einsteigen:
Im ersten Schritt geht es darum mitzukriegen, wie beliebt Bewertungen sind. Wir begeben uns also wieder auf die Metaebene der Beobachtung. Mit diesem ersten Schritt ließen sich bereits Tage der Eigen- und Fremdbeobachtung füllen. Von der unverstrickten, übergeordneten Warte aus knöpfen wir uns in einem zweiten Schritt die Etikettierungen vor, indem wir

- sie unterlassen,
- sie objektivieren, das heißt durch fundierte Aussagen ersetzen
- oder noch bewusster vornehmen.

Für die letzte Variante böten sich *Aufmerksamkeitssteigerungsformulierungen* an. Beispiele: *Mein Sticker* für Herrn X lautet ..., für diesen Kuchen *verleihe* ich das Etikett ..., das Verhalten von X erhält von mir die *Gold-, Silber-, Bronze-, Drecksmedaille* ...

Auf diese Art lassen sich zwei Fliegen mit einer Klappe schlagen: Erstens die Bewusstheitssteigerung, wodurch das

Gedankenkarussell automatisch gestoppt wird, und zweitens wird eine unliebsame Gewohnheit durch Übertreibung ins Lustige gedreht. Dadurch wird ihr bereits alles Ätzende und der Stachel der Selbsteinkerkerung genommen.

Wer das Gedankenkarussell auf diese Art verlassen hat, lebt friedlicher in der Realität.

**Selbstbefreiungsfragen**

- Wo bewerte ich einseitig?
- Wäre es nicht mal lustig, diese Einseitigkeiten durch ihr genaues Gegenteil zu ersetzen? »Herr X ist einfach ein Volltrottel« würde zu: »Herr X überzeugt einfach durch seine unübertroffene Kompetenz.«
- Wie sähe es aus, wenn ich negative Selbstbeschreibungen durch positive ersetzte?
- Wie erweiterte sich meine Welt, wenn ich gar nicht mehr oder bewusster etikettierte?
- Tatsache ist, dass jedes Werturteil einen Ausschnitt akzentuiert. Will ich das Ganze oder Ausschnitte?

BRUNHILD sitzt immer noch am Meer und nimmt folgende Etikettierungen ihrer selbst vor: »Ich bin doch eine blöde Kuh, dass ich vergessen habe, ob ich den Schlüssel nun hingelegt habe oder nicht.« »Ich bin wahrlich so doof, wie mein Vater immer sagte.« Wir sehen den gemeinen Effekt: Ein Ausschnitt, hier die Unsicherheit, ob der Schlüssel hinterlegt wurde, führt zur Gesamtverdammung der geistigen Kompetenz. *Der* Preis ist zu hoch! Wir sind so unendlich viel mehr als ein Ausschnitt.

**Es geht also darum**

zu verstehen, dass jede einseitige, verdammende Wertung eine Verkürzung der ganzen Wirklichkeit darstellt und dass sie uns deshalb tiefer in leidige Gedankendreher hineintreibt. Schade ist dabei auch, dass das Geheimnis des Lebens, das nahe liegenderweise in weniger offenbaren Aspekten lockt, im wertenden Ausschnittsdenken keinen Platz mehr hat. Wie frech und schön fasst *Stanislaw Jerzy Lec* diesen Gedanken in einem mit »Rätsel« betitelten Kurztext zusammen:

»Name, Vorname, Geburtsjahr und Ort, Adresse, Beruf, Familienstand usw. usf., dazu das polizeiliche Führungszeugnis und die sonstigen öffentlich zugänglichen präzisen Informationen zur Person sind bekannt.

Unbekannt ist – und darin besteht das Rätsel –, wer dieser Mensch *in Wirklichkeit, insgeheim* ist.

Für die Lösung des Rätsels haben die staatlichen Organe soundso viele ... Jahre Gefängnis ausgesetzt.«[5]

Ob die Zuwendung zum Ganzen wirklich zu atemberaubend ist?

**Ihre Antwort**

**Die Antwort der Meise**

»Das Ego wendet sich dem Ganzen zu, um in ihm unterzugehen. Das raubt ihm allerdings den Atem!!«

## Wenn die Gedanken sich in

dann verkleinert sich unsere Welt.

### Ausstiegsimpuls »Buntheit feiern«

Ich erbunte meine Welt,
indem ich das Gegenteil sage von allem,
was ich auch nicht glaube.

# Werturteilen festkreiseln ...

Im verurteilenden Meinen von
zu groß, zu klein, zu viel, zu
wenig, zu laut, zu leise;
im so rasenden Kreise
hört niemand mehr
die glückliche
Meise, denn
da wird
Welt
uns
zu schwarz, zu weiß – dabei ist sie bunt

**Sind die Dinge,**
**wie sie sind?**
**Oder sind sie so,**
**wie ich sie sehe?**

## Freude kultivieren

Wer im Hamsterrädchen unfreiwilliger Gedanken rast, kann nie und nimmer gleichzeitig Freude in sich verspüren. Im Zustand der Freude sind wir über alle egozentrischen Verstricktheiten erhaben. Kein Wunder, dass Schiller mit seiner bekannten Formulierung »Freude, schöner Götterfunken ...« diese seelische Befindlichkeit aus dem banal menschlichen Gefühlskanon heraushebt und ihre Herkunft göttlichen Gefilden zuschreibt. Unser Unternehmen – nämlich das Rädchen kreisender, unfruchtbarer Gedanken zu verlassen – kann die Freude als Verstrickungslöser und Rädchenstopper phantastisch nutzen: Kaum dass wir in der Freude sind, packt das Gedankenkarussell ein. Wenn wir dem Erleben von Freude nachspüren, stellen wir fest, dass sie durchaus ohne äußere Anlässe einfach so in unserem Inneren aufsteigen kann. Und zwar in jeder Lebenssituation! Durch die Unabhängigkeit von äußeren Auslösern unterscheidet sie sich krass vom Vergnügen, das immer des Außenreizes bedarf. In Anlehnung an Schiller und unsere Erfahrung möchte ich dreist definieren:

FREUDE ist nicht ausschließlich der Relativität, also den Bilden und Unbilden des Lebens unterworfen. Ihr besonderer Spielplatz ist außerhalb der Dualität, also im Freiraum des Bewusstseins anstatt im Häkelmuster der Gedanken.

Wer Freude kultiviert, bewegt sich auf einen hehren Innenraum zu und zappelt nicht mehr an den Infusionsschläuchen dualer, relativer, unbeständiger Vergnügungen. Nichts gegen Vergnügungen! Es vergnügt sich jedoch voller, wenn wir gleichzeitig die Trumpfkarte der Freude im Herzen haben.

So können Sie einsteigen und die innere Freude als Gegenpol zum Gedankenrädchen kultivieren:

➢ Manchmal reicht es für eine erfolgreiche Landung in der Freude, sich auf sie zu konzentrieren; sich innerlich in das Gefühl der grundlosen Freude, der Freude an sich fallenzulassen. Es ist ein spezielles, inhaltsloses Innehalten.

➢ Oder Sie überlassen sich einer noch pragmatischeren Spur und beantworten folgende Fragen:
   - Wann fühle oder fühlte ich innere Freude?
   - Was war typisch für diese Momente?
   - Was müsste sich in meinem Leben ändern, beziehungsweise wie könnte ich mich oder mein Leben ändern, um mehr inneren Raum für die Freude zu schaffen?

➢ Sie können auch reine Freudentage einführen. An diesen ist dann alles andere unwichtig.

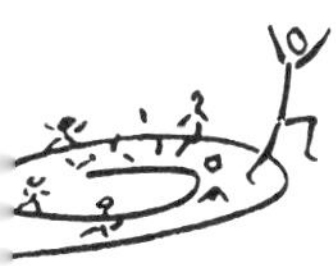

Wer auf dem Weg der bedingungslosen Freude Erfolg hat, ist so erfüllt, dass er es sogar irgendwie lustig findet, den Koffer auf dem Weg nach Honolulu zu wissen …

BRUNHILD spult ihren Schlüssel- und Dümmlichkeitsfilm innerlich ab. Sie ist so belagert davon, dass sie sich einfach nicht auf die Freude konzentrieren kann, obwohl ihre äußere Situation – Urlaub, Sonne, Meer, Strand, Ruhe – ideal ist. Beim Beantworten der Fragen ist ihr klar, dass sie die innere Freude nur spüren kann, wenn sie den Kopf frei hat. Deshalb entscheidet sie sich, auf der Stelle die Nachbarin anzurufen. Danach ist sie doppelt froh: erstens, weil sie nicht ewig mit dem Anruf gewartet hat und zweitens, weil sie jetzt Klarheit hat. Jetzt hat die Freude Raum. Brunhild entscheidet sich für einen Freudenurlaub, denn im Kreis zu denken macht auch ihr keinen Spaß.

**Es geht also darum,**

den Zug der Freude von allen Bedingungen abzukoppeln; also die Freude an sich zu spüren, zu erleben, wie sie alles überhöht. Nicht mehr äußere Zufriedenheitsbemühungen, sondern die grundlose Freude als Kern allen Glücks! Diese Art der Freude überbietet alles – so beschreibt es auch *Rilke*:

»Die Realität jeder Freude ist unbeschreiblich in der Welt ... die Freude ist eine wunderbare Vermehrung des schon Bestehenden, ein purer Zuwachs aus dem Nichts heraus. Wie schwach muß im Grunde doch das Glück uns beschäftigen, da es uns sofort Zeit läßt, an seine Dauer zu denken und darum besorgt zu sein: Die Freude ist ein Moment, unverpflichtet, von vornherein zeitlos, nicht zu halten, aber auch nicht eigentlich wieder zu verlieren, indem unter ihrer Erschütterung unser Wesen sich gewissermaßen chemisch verändert, nicht nur, wie es im Glück der Fall sein mag, in einer neuen Mischung sich selber kostet und genießt.«[6]

Warum sollte uns dieser anstrengungsfreie Direktzugang zur Freude zu einfach sein?

**Ihre Antwort**

**Die Antwort der Meise**

»Da ich die Frage nicht verstehe, bereitet mir auch die Antwort gar keine Probleme. Ich lasse sie weg. Stattdessen freue ich mich, weil alles so einfach ist. Es gibt zwar meisenlose Typen, die finden, dass ich's mir zu leicht mache.

Das stimmt natürlich nicht, weil ich gar nichts *mache*. Und *zu* leicht, wäre schon wieder schwer, weil das Leichte ohne zu viel und zu wenig ist. Eben einfach nur leicht. Das ist doch sonnenklar.
Aber ach ...«

# Wenn Gedanken die Freude

dann erbeuten sie zu viel.

## Ausstiegsimpuls »Freudenerjubelung«

Ich freue mich grundlos.

# zukreiseln ...

Die Gedankenmeise flattert im
Kreis herum und verfängt
sich im Schrank, wo
die Tassen zu viel,
weil keine
darin zu
haben,
F
r
e
ude gewesen wäre

**Wer sich nur aus guten Gründen**
**freuen kann,**
**verpasst den Spielplatz**
**des Herzens.**

## Milchzähnchen und andere Egoidentifikationen fallen lassen

Unser Ego, der olle Plagegeist, braucht permanent Futter, um sich zu stärken. Der Vorgang der Nahrungsaufnahme läuft über die Identifikation. Das, womit wir identifiziert sind, was uns hoch und heilig ist, wovon wir nicht lassen können, was quasi eine Erweiterung unseres Ichs ist – all das ist Egofutter und gibt uns ein Gefühl der Identität. Dann *sind* wir doch jemand! Konkret gehört zum Futter: Besitz, Beruf, Familie, Glaubenssätze, Bildung, äußere Erscheinung, Ansehen, Status und sogar alle Probleme, falls wir sie hegen und pflegen. Halt *alles*, was uns lieb und teuer ist! Sogar unerfreuliche Erinnerungen können fette Nahrung für das Ego sein. Warum machten wir uns sonst die Mühe, anderen ihre Verfehlungen nachzutragen?
Unser Egolaufställchen brauchte uns nicht zu kümmern, wenn es nicht den Nährboden für unser Gedankenkarussell lieferte. Es gilt die Formel:

Je kleiner das Egolaufställchen, je starrer die Identifikationen, umso schneller geraten wir ins Karussell und umso wahnwitziger ist sein Tempo.

Der Zusammenhang von Identifikationen einerseits und Gedankendrehern andererseits ist sonnenklar, wenn wir uns nochmal vergegenwärtigen, dass wir nur an den Egopunkten verwundbar sind und genau dadurch gedanklich ins Rotieren kommen. Der fatale Augenblick ist der, an dem wir etwas ungut persönlich nehmen und verstrickt einsteigen. Wenn Ihnen Ihr Auto völlig unwichtig ist, so trifft Sie eine diesbezügliche abträgliche Bemerkung anderer kaum. Ist Ihr Wagen jedoch Ihr Heiligtum, so werden die Schmähreden anderer Sie treffen und die entsprechenden Gedanken automatisch in Rotation versetzen. Hier gilt

dann wieder: Je identifizierter ich bin, umso verletzlicher und karussellanfälliger bin ich auch.
Werfen wir einen Blick in die Identifikationsreliquienschatulle der nunmehr zweiunddreißigjährigen Erika: Da liegen ihre Milchzähnchen, der im Alter von dreizehn Jahren abgeschnittene – inzwischen milbenvolle – Zopf, die ersten Liebesbriefe, zwei von Horst, fünf von Martin, auf eine Karte geklebt ein gepresstes vierblättriges Kleeblatt von ihrer Oma, eine Muschel vom Urlaub auf Sylt.
Als Franz, ihr aktueller Partner, die Schatulle mit den Worten »Wirf den Müll doch mal weg«, kommentierte, spürte Erika, dass Franz eigentlich Recht hatte. Was macht es für einen Sinn, die Vergangenheit weiter zu konservieren? Ihre Identifikation war also so weit gelockert, dass sie sich nicht verstrickte und nicht ins Karussell musste.
Antons Schatulle sieht moderner aus: Er hat die schwärmerischen Gedichte seines pubertierenden Übermuts auf CD gebrannt. Alle, die ihn lieben, müssen sie lesen. Das gewährt sozusagen einen Egorückfütterungseffekt. Antons neue Flamme Nicole, die fatalerweise Germanistik studiert, erlebt seine »Gedichte« als sentimentalen Schrott. Anton, der noch maximal mit seinem Werk identifiziert ist, ist zutiefst gekränkt, fühlt sich abgelehnt und unverstanden, nimmt also persönlich, steigt ein und landet in gigantischen Nicole-Verdammungsdrehern.
Neben der hier untersuchten Hauptkatastrophe – nämlich der Tatsache, dass Anhaftungen Gedankendreher besonders leicht provozieren – gibt es noch andere gute Gründe, das Ausmerzen solcher Egoidentifikationen zu betreiben. Und zwar bleibt es fernab von aller Bissigkeit eine Tatsache, dass unsere Egoidentifikationen sich längstfristig nicht halten können. Spätestens der Tod versenkt alle Schatullen im Bedeutungslosen. Vorher, wenn zum Beispiel die zweiten Zähne sich verabschiedet haben, wird der Sinn, ihre Vorgänger aufzubewahren, bereits fraglicher.

Wenn unsere Egoidentifikationen zur prämortalen Erbauung und Lebensfreude einen echten Beitrag lieferten, brauchten wir uns mit ihrer Eliminierung nicht aufzuhalten. Diese prämortale Erbauung steht jedoch auf sehr wackeligen Füßen. Es bleibt nämlich eine Tatsache, dass die Vergänglichkeit am längeren Hebel sitzt und wir genau deshalb ganz grundsätzlich aufs falsche Pferd gesetzt haben, wenn wir unsere Lebensfreude durch die Pflege unserer Egoidentifikationen stabilisieren wollen. Ein weiterer Nachteil der seelischen Anhaftung ist, dass sie nur einen Ausschnitt vom Ganzen beleuchtet, für gültig erklärt, und wir durch unser Kleben an diesem des ganzen Restes verlustig gehen. Obwohl wir die kathartischen Glückstaumel einer Ausmistaktion kennen, fürchtet das Ego das Wegbrechen aller Identifikationen wie die Pest. Das ist gar nicht unberechtigt, denn wenn wir jeglicher Anhaftung, inklusive Verzicht auf Probleme, entsagen, verhungert das arme Ichlein. Unser Ausschnittsdenken übt sich beharrlich in Anhaftung, weil es die Weite und Freiheit des nicht fixierten Bewusstseins nicht kennt. Genau das meint Ken Wilber mit dem Satz: *»Das separate Ich kann überhaupt nichts tun, um die Todesangst loszuwerden, da das separate Ich die Todesangst ist.«*[7] Das bedeutet: Ich weg = Todesangst weg! Sterben, bevor wir sterben!

So können Sie einsteigen: Erste Befreiungsschritte liegen im *Loslassen aller Egoidentifikationen.* Als Egoabsprunghilfe zwei Fragenkataloge. (Sie können sich alle Fragen selbst beantworten oder vielleicht mit Freunden darüber sprechen.):

- Was sind meine Anhaftungen?
- Was befürchte ich zu verlieren, wenn ich sie verlöre?
- Was gewönne ich, wenn ich an nichts mehr hinge?
- Wie wichtig ist das, was mir so wichtig ist, wirklich?
- Wie lebte ich, wenn ich innerlich alles loslassen könnte?

*Fragen, die ins Wesentliche zielen:*

- Was bleibt, wenn nichts mehr bleibt?
- Wer bin ich ohne meine Identität?
- Was offenbart die Selbstreflexion im Gegensatz zur Sonstwasreflexion?
- Wo bin ich, wenn sich mein Denken selbst be- und ergreift?

Wer sich von Egoidentifikationen befreit hat, degeneriert nicht in besitzloser, dumpfer Schnarchigkeit zum Sozialhilfeempfänger, sondern kann mit Volldampf Freude und Aktivität leben, gerade weil die innerste Heimat im Selbst gefunden wurde.

Inzwischen hat BRUNHILD KARIN kennen gelernt und ihr vom Schlüsseldrama erzählt. Karin hat sofort das Buch *Raus aus dem Gedankenkarussell* gezückt und ihr erst mal verklickert, was Egoidentifikationen beziehungsweise Anhaftungen sind. Dann hat sie Brunhild die Fragenkataloge vorgelegt.

KARIN: Alles, wo du dich total reinhängst, was dir so wichtig ist, dass du's nicht loslassen kannst, damit bist du identifiziert.
BRUNHILD: Ich finde es aber klasse, mich total in Sachen reinzuhängen. Ich hab doch keine Lust, halbherzig zu leben.
KARIN: Klar ist das super, wenn du begeistert bist, dann gibt dir die Vollherzigkeit 'nen Kick. Aber wenn du unfreiwillig an irgendetwas hängst oder wenn du eine blöde Situation innerlich nicht loslassen kannst, dann ist die Identifikation mit ihr doch 'ne reine Lebensbeschneidung.
BRUNHILD: Auch wahr, aber wie könnte ich mein Schlüsseldrama knacken?

KARIN: Ich stell dir jetzt einfach mal die Fragen, die hier in dem Buch stehen.
BRUNHILD: Okay!
KARIN: »Was sind deine Anhaftungen?« Antworte mal in Bezug auf die Schlüsselsituation.
BRUNHILD: Ach du je! Ich hafte daran, dass die Nachbarin ein positives Bild von meinen geistigen Fähigkeiten hat. Ich hafte an meinen Zimmerpflanzen, ich hafte daran, dass mein Kater sein Fressen immer am selben Platz erhält, ich hafte daran, dass mein Haus gut gelüftet wird. Eigentlich hafte ich an meinem ganzen Haus, dass da nicht eingebrochen wird – ich hafte an meinem Besitz und an meiner Sicherheit.
KARIN: Gut, nächste Frage: »Was befürchtest du zu verlieren, wenn du diese Anhaftungen verlörest?«
BRUNHILD: Mein Gott, ich würde alles verlieren, mein ganzes Lebenswerk. Wenn mein Besitz futsch ist und der Kater – na ja, der könnte auch woanders fressen. Die Zimmerpflanzen sind auch nicht so wichtig. Die Lüfterei ist auch egal.
KARIN: Aha, du schlägst eine neue Richtung ein! Beantworte mal die nächste Frage: »Was gewönnest du, wenn du an nichts mehr hingest?«
BRUNHILD: Steht da echt »gewönne«? So redet doch keiner mehr. Erinnert mich an den Satz in der Bibel: »Was hülfe es dem Menschen, wenn er die ganze Welt gewönne und nähme doch Schaden an seiner Seele?« Passt ja grad rein. Also, was ich gewönne, wenn ich an nix mehr hinge: Tja, ganz unmittelbar gewönne ich die ungetrübte Urlaubsfreude, die Gegenwart; ich könnte dann einfach genießen, was jetzt ist. Ich würde mich viel direkter spüren und nicht über den Umweg meiner Anhaftungen. Also, Karin, ich glaub der Quatsch mit dem Schlüssel und der Dummheit ist gegessen. Hast du noch 'ne Frage?
KARIN: Ja, als Nächstes steht hier: »Wie wichtig ist das, was dir so wichtig ist, wirklich?«

BRUNHILD: Wenn ich es genau betrachte, ist mir alles längst nicht so wichtig, wie ich dachte, dass es sei. Komm, lass uns schwimmen gehen.

**Es geht also darum,**

seine Gedanken nicht durch die Anstrengung zu füttern, irgendein toller Hirsch zu sein. Sie lieber genüsslich ins Leere laufen lassen und ein ehrgeiz- und bestätigungsfreier Niemand sein! *Ram Dass* bringt's auf den Punkt:
»Im ersten Teil meines Lebens wollte ich unbedingt jemand sein. Dann habe ich kehrtgemacht und wollte unbedingt niemand werden. Jetzt versuche ich niemand zu sein, indem ich jemand bin. Solange man meint, jemand zu sein, hat man Angst, denn jemand stirbt letzten Endes. Aber niemand stirbt nicht. ... Man lebt voller Leidenschaft, und doch gibt es da den anderen Teil von einem, der absolut leer und gleichmütig ist. Man lebt in dieser Welt und gehört doch nicht zu ihr.«[8]
Ist es nicht auch eine nette Aussicht, als Niemand-Jemand fröhlich und anstrengungsfrei in dieser Welt zu leben, ohne von ihr vereinnahmt zu werden?

**Ihre Antwort**

**Die Antwort der Meise**

»Ja, wunderbar, denn dann jubelt das Herz!«

# Wenn Kreisel-Gedanken festhalten …

dann haben Gegenwart und Zukunft kaum eine Chance.

## Ausstiegsimpuls »losgeflügelt«

Ich lasse losfliegen,
was vorbei ist –
als Platzbeschaffung
für Neues.

# sich an Vergangenem

Die gute alte Zeit war. Aber
war sie besser? War sie
nur und ist vorbei
und wer sie hoch-
hält, verklebt
Meisleins
Flügel ...
Ach
je
!

**Wer bin ich,**
**wenn ich niemand bin?**

## Die Jetztflucht beobachten und bändigen

Das volle Erleben ist nur *jetzt* möglich. Ein kleines Experiment bestätigt dies augenblicklich: Versuchen Sie einfach mal, *jetzt* Ihren letzten Urlaub zu genießen. Unser Ego scheint auf Kargheit, Ausschnitt und Sicherheit gesetzt zu haben. So verwundert es nicht, wie schnell es entweder in der Vergangenheit, Zukunft oder bei irgendwelchen Problemen ist. In der Gegenwart mag es einfach nicht innehalten. Vielleicht ist es ihm da zu schön, um wahr zu sein. Wir sehen deutlich: Die Hauptaufenthaltsorte des Egos bringen Gedankenstoff, entweder vergangenen, zukünftigen oder problematischen. Wenn wir keine Lust mehr auf die Lebensbeschränkung durch jene Jetztflucht des Ichs haben, können wir einfach wieder mit unserem Bewusstsein die Metaebene installieren und zunächst nur wahrnehmen, wie begierig das Ego der Gegenwart ausweicht. Bereits durch dieses Gewahrsein sind wir nicht mehr eindimensional die Gefangenen unserer Gedanken, sondern halten die *frei gewählte*, bewusste Position der Beobachtung. Wir nehmen die Tendenz der Jetztflucht unseres Ichs einfach wahr, ohne sie zu bewerten oder zu analysieren. In dem Moment, in dem wir wertend reflektieren, sind wir schon wieder auf der Ebene der Gedanken gelandet. Aber das ist auch egal, wenn wir einfach jede Situation nutzen, um wieder elegant auf die Metaebene zu steigen. Könnte das Bewusstsein sprechen, würde es sagen: »Ich schau mir die Gedanken, Emotionen und Reaktionen einfach nur an. Ich ergreife nicht Partei, ich analysiere nicht, sondern bin wie der Fels in der Brandung – unerschüttert durch die Unruhe um mich herum.«

Mit einem *Jetzt-Fixierungsexperiment* können Sie einsteigen. Es eignet sich überdies, weil es etwas Komik in unser Training bringt: Lassen Sie in Ihr Gespräch immer wieder Sätze einfließen, die mit »jetzt« beginnen und die eine gerade stattfindende Tätigkeit benennen: »Jetzt sitzen wir hier im Park. Jetzt streiten wir wegen der Urlaubsplanung. Jetzt streichele ich dein Knie. Jetzt lächelst du« usw.

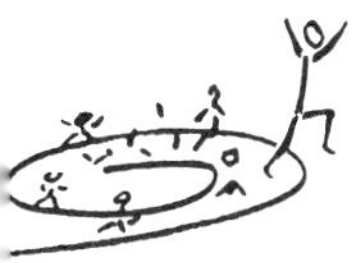

Wer nicht mehr im Gegenwartsfluchtexpress sitzt, genießt die Gelassenheit und größere Lebensintensität desjenigen, der die viel bewusstere Position der Gedanken-Beobachtung eingenommen hat.

BRUNHILD beobachtet ihre Jetztflucht: »Da liege ich hier am blauen Meer, endlich in der Ferne, und wo sind meine Gedanken? Daheim!! Da hätte ich gleich zu Hause bleiben können. Oh, verflixt, ich habe gewertet! Also noch mal. Mit »verflixt« habe ich das Werten gewertet. Also hier ist das Meer. Jetzt liege ich am Strand. Jetzt spüre ich den Wind. Jetzt höre ich die Möwen und das Rauschen der Wellen. Jetzt denke ich an meinen Kater in Mönchengladbach. Ich liege jetzt wieder am Strand. Ich will hier bleiben. Ich strenge mich an. Jetzt fühle ich die Sonne. Sie dringt bis unter die Haut. Ich genieße jetzt die Sonne. Sonnenbrand! Aufpassen! Damals in den Alpen – das war ein ganz schlimmer Sonnenbrand. Jetztflucht! Bemerkt. Ich bin hier am Strand.« So geht es noch eine ganz Weile weiter. Schließlich verlieren die Jetztfluchtorte an Macht.

**Es geht also darum,**

das Lebendigsein im gegenwärtigen Augenblick voll zum Zuge kommen zu lassen. Das ist viel erfüllender, als wenn die Egobelange unser Selbst ins Abseits drängen. Nach *Jacob Needleman* frisst uns das Leben auf, wenn das Ego den Ton angibt:

»Vom Leben verschlungen werden heißt, sich nicht genug auf das Lebendigsein eingelassen zu haben. Wenn unser Leben uns auffrißt, heißt das vielmehr, daß das Selbst, unser eigenes Selbst, nicht anwesend ist.«[9]

Wenn jedoch das Selbst anwesend ist, laufen alle Egodreher ins Leere. Attraktiv, nicht wahr?

**Ihre Antwort**

**Die Antwort der Meise**

»Wenn ich's ganz genau bedenke, bin *ich* gar nicht anwesend. Aber wer mich hat, der hat sich. Ohne Ego – versteht sich, weil *ich* ja stattdessen da bin. Also nicht *ich*, aber die Meisität als solche. Deshalb sage ich immer: Wohl dem, der eine Meise hat! Wobei die ›Meise‹ ebenso durch einen Vogel jedweder Art vertretbar ist. Also völlig egal: Meise oder Vogel – Hauptsache wir sind da! Eigentlich gibt es nur zwei Punkte: Den Raumpunkt und den Zeitpunkt. Der erste ist *immer* HIER und der zweite ist *überall* JETZT. Mich begeistert, dass beide Punkte irgendwie zu einem zusammenfallen können. Das vereinfacht nochmals. Außerdem heißt es ja, ein Punkt sei nur eine gedachte Größe. Also ein aus-

dehnungsloses Nichts. Dann ist nix mehr übrig von dem Punkt – nur noch die Idee von Hier und Jetzt als fröhliches DA.
Doch ach ...«

## Wenn die Gedanken von der

dann passiert nicht viel wirklich Neues.

### Ausstiegsimpuls »jetzt ist immer«

Ich halte inne,
um mir zu gehören.

# Gegenwart wegkreiseln ...

Wir müssen vorbauen, damit das
Schlimme von damals nicht
nochmal passiert. So vor-
gebaut, ist zugebaut das
Jetzt, kein leuchtendes
Später, weil Meise
im Baubeton
kaum
Luft
hat
.

**Jetztflucht ist Abkehr vom Sein.**

## Auf den nächsten Gedanken warten

Das Bewusst-Sein vermittelt uns zur Gegenwart und zu uns selbst. Die Gedankendreher bringen uns von beidem ab. Um den Entfaltungsraum des Selbsts freizuschaufeln, also den verdunkelnden Gedankenschrott zu entfernen, können Sie ein interessantes Experiment machen. Die unerquicklichen, unfreiwilligen Gedanken haben nämlich, wie das Experiment Ihnen bestätigen wird, keine Chance, wenn wir ganz präsent, wach und gegenwärtig sind.

So steigen Sie ein: Warten Sie mit voller Aufmerksamkeit auf den nächsten Gedanken, der in Ihnen auftaucht. Liegen Sie regelrecht auf der Lauer – wie ein Luchs. Die erkenntnisträchtige Erfahrung dabei ist, dass bei äußerster Wachheit die Gedanken zur Ruhe kommen. Wieder sehen wir: entweder Gedanken oder Bewusstsein!

Zur Vertiefung und zur Bestätigung der These »entweder Gedanken oder Bewusstsein« bietet dieses Experiment noch eine Feinheit an. Wenn Sie bemerken, wieder in Gedanken gelandet zu sein, dann erspüren Sie genau, in welchem Moment sich die Gedanken eingestellt haben, und Sie werden feststellen, dass just in dem Moment auch der Luchs seinen Lauerplatz verlassen hat ...!
Zur Differenzierung noch eine Anmerkung: Wir unterscheiden natürlich wieder zwischen Gedanken, die uninteressanter und belastender Hirnmüll sind, und Geistesblitzen. Erstere setzen das Abflachen der Aufmerksamkeit voraus, während Inspirationen und Intuitionen geradezu einer sich nicht fixierenden Wachheit bedürfen.

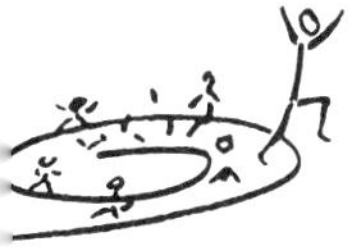

Wem es gelingt, durch das Warten auf den nächsten Gedanken derart innezuhalten, dass eine wache (!) Lücke im Gedankenstrom entsteht, der feiert Freudenjubel, wie sie nur außerhalb des Karussells möglich sind.

BRUNHILD und KARIN sitzen wieder zusammen, um weiterzumachen.

BRUNHILD: Das schnall ich jetzt nicht. Ich könnte dir stundenlang von daheim, meiner Kindheit, meiner Angst, blöd dazustehen, erzählen. Siehst du, schon wieder bin ich doof, weil ich die Übung nicht kapiere.
KARIN: Eine Wertung, Schätzchen. Und was ich gerade liefere, ist eine Wertung der Wertung. Manchmal ist es einfach schwierig. Aber ich finde es interessanter, als sich vom eigenen Gemüt gängeln zu lassen.
BRUNHILD: Klar, deshalb will ich's so gerne verstehen.
KARIN: Wenn du mir stundenlang erzählst, produzierst du den Text, ohne in aller Wachheit gewartet zu haben, welcher Gedanke in dir auftaucht. Du redest sozusagen eindimensional, ohne die Wachheit auf der Metaebene – so heißt das hier – eingenommen zu haben. Metaebene: von einer bewussten, übergeordneten Warte aus.
BRUNHILD: Okay, verstehe. Also ich bin jetzt blitzwach und warte auf den nächsten Gedanken und wenn er kommt, blubber ich ihn raus.
KARIN: Ja, so können wir's machen.
*(Es vergeht eine geraume Weile)*
BRUNHILD: Ich merke, dass keine Gedanken kommen, wenn ich ganz wach bin. Das ist spannend. Es ist ein tolles Gefühl, so bewusst zu sein, ohne sich mit irgendwelchen Gedanken aufzuhalten.
KARIN: Interessant, dass du das Wort »aufhalten« benutzt. Ich erlebe es genauso.

**Es geht also darum,**

dass wir nicht nur die Erfahrung machen, wie beglückend und befreiend ein zur Ruhe gekommener Geist ist, sondern auch erleben, dass diese Leere sehr erkenntnisträchtig ist – und sei es auch »nur« im non-verbalen Bereich. *Fen-Yang* fasst's frisch zusammen:

»Wenn du dir Illusionen machst und voller Zweifel bist, können dir tausend heilige Schriften nicht helfen. Wenn du Bewusstheit erlangt hast, ist ein Wort schon zu viel.«[10]

Kennen Sie das, wenn eine gute Klarheit durch Vielrederei zerfleddert wird?

**Ihre Antwort**

**Die Antwort der Meise**

»Ich kenn das nicht. Bei mir ist immer Klarheit. Selbst wenn ich viel rede. Da zerfleddert nix. Denn alles, was ich sage, entspringt der Klarheit, der puren Freude. Eigentlich erstaunt mich, wo meine Ideen und Worte herkommen. Sie sind plötzlich da, tauchen in meinem freien Kopf auf und überraschen mich selbst. Was ich sage, ist absichtslos. Ich will nichts erklären und beweisen, auch nicht diskutieren und überzeugen. Vorgefertigte Meinungen habe ich auch nicht. Das liegt daran, dass in meinem Kopf sofort alle potenziell möglichen Standpunkte auftauchen. Zu jeder Meinung kommen mir gleich viele Gegen- und Auch-noch-Meinungen in den Sinn. Es wäre mir geradezu anstrengend, mich auf eine der vielen Meinungsmöglichkeiten zu versteifen. Nee, ich lass alles in Ruhe nebeneinander, ineinander oder aneinander stehen und bin wach und bereit für den nächsten Gedanken. Vielleicht ist ›Einfall‹ das bessere Wort, denn da fällt ja was in mich hinein. Das Tolle daran ist für mich auch, dass ich alles verstehe und deshalb gar nicht streiten muss. Für mich ist das Leben einfach nur Fülle. Es geht mir so gut!«

## Wenn sich keine Gedanken

dann hören wir das fröhliche Piepen unserer glücklichen Meise!

nach dem letzten und
vor dem nächsten Gedanken

## Ausstiegsimpuls »innerste Stille als Seelenraum«

Ich erwarte mich.

# im Kreis drehen ...

## Erwartende Bereitschaft

Betrachten wir eine erweiterte Variante der letzten. Jetzt warten wir nicht auf den nächsten Gedanken, sondern wir halten unseren Geist in erwartender Bereitschaft an und für sich. Das bedeutet konkret, dass der einzige »Inhalt«, den unser Bewusstsein dann noch hat, es selbst ist. Die Wachheit ist sich ihrer selbst bewusst. Nichts darüber hinaus – schon gar nichts darunter hinweg! Genau dadurch sind wir, schwupp, in der Gegenwart. Es ist das Gefühl der Vorfreude oder der Freude an sich. In dieser absoluten Bereitschaft oder Wachheit ist der Geist ganz still: das heißt, keine Gedanken, keine Spannung, keine Sorgen, keine Erinnerungen, keine Tagträumereien – einfach nur pures Präsentsein. Diese Art der Wachheit erstreckt sich sogar auf den ganzen Körper: mit jeder Zelle wach sein!

Merkmal dieses Bewusstseinszustands ist auch seine Unmittelbarkeit: Er ist nicht irgendwie erzeugt, hervorgekitzelt, erst recht nicht durch irgendwelche Gedanken eingeleitet oder gefärbt. Er ist einfach nur die Bewusstheit selbst. Wenn wir unsere Aufmerksamkeit auf sie lenken, verlassen wir schlagartig das Gedankenkarussell. Anders formuliert: Wir gehen den kürzesten Weg zu uns selbst – einen Weg, der, genau betrachtet, gar kein Weg ist, denn in der »Selbsterfahrung des Geistes« (so formuliert es Sokrates) erinnern wir unmittelbar, was ständig sowieso ist: nämlich unser Bewusstsein. Diese Selbstreflexion ist eine »Bewegung« sozusagen »von mir zu mir ohne Objekt«, um eine Formulierung von Wei Wu Wei aufzugreifen. Wenn also der Mensch bar jeder Gedanken sich in unmittelbarer Selbstreflexion auf seine Bewusstheit besinnt, dann nimmt er die von Hannah Arendt beschriebene Position des Philosophen der Neuzeit ein. Es wird also nicht für irgendwelche gedanklichen Konstrukte die Trommel gerührt, sondern für die *Selbstinnewerdung des Geistes.* Ken Wilber spricht von der »Unmittelbarkeit am Grunde der Vernunft«.

BRUNHILD und KARIN schaukeln gemütlich in der Hängematte. Sie haben sich gerade das Kapitel »Erwartende Bereitschaft« reingezogen.

BRUNHILD: Ich bin froh, dass ich liege, sonst würd's mich glatt anstrengen, mich in unmittelbarer Selbstreflexion auf meine Bewusstheit zu besinnen. Es wäre jetzt echt ein Beitrag, Karin, wenn du mir beschreiben könntest, wie du diese unmittelbare Nicht-Hirnakrobatik am Grunde deiner Vernunft zuwege bringst.
KARIN: Also ich weiß nicht, ob Hannah Arendt mir im Philosophinnenclub Eintritt gewährte, aber ich stell's mir so vor: Wenn ich in den wolkenlosen Himmel oder auf das schifffreie Meer schaue, und wenn ich zufällig mal gerade keinen eigenproduzierten Gedanken habe, dann hat mein Kopf durch die unendliche, einförmige Weite von Himmel oder Meer nichts, was ihm Denkstoff gäbe. Und genau auf diesen inhaltslosen Augenblick richte ich meine Aufmerksamkeit.
BRUNHILD: Aha, und dann?
KARIN: Ja, dann geht's mir einfach gut. So ähnlich vielleicht wie in dem Gedicht von Rilke:

*ACH, nicht getrennt sein,*
*nicht durch so wenig Wandung*
*ausgeschlossen vom Sternen-Maß.*
*Innres, was ists?*
*Wenn nicht gesteigerter Himmel,*
*durchworfen mit Vögeln und tief*
*von Winden der Heimkehr.*

Wie Sie einsteigen können:
Konzentrieren Sie sich einfach auf das, was bleibt, wenn Sie sich vergessen haben.

Wenn es Sie freut, dass sich Ihr Koffer in Honolulu selbst verschenkt, genießen Sie sein Nirgendsein.

**Es geht also darum,**
nicht nur das Nirgendsein oder Irgendsein aller Koffer, aller Dinge freudig zu begrüßen, sondern sich noch umfassender von *Jean-Paul Sartres* Sicht anstecken zu lassen:
»Und welch herrliches Nirgendsein ist meine Seele.«[11]
Urlaub vom Ego! Da besticht doch bereits die Kürze der Anreise. Finden Sie nicht auch?

**Ihre Antwort**

**Die Antwort der Meise**
»Ich finde die Vorstellung einer derart kurzen Anreise schon bestechend. Für mich gibt's jedoch gar keine Anreise, weil ich sowieso da bin. Also nicht *ich* bin da, aber ich bin erfüllt von der Meisität an sich. Keine Gedanken, sondern einfach nur stilles Da-Sein. Obwohl das auch nicht ganz richtig formuliert ist. Das Wort ›still‹ ist nämlich irreführend. Es ist zwar friedlich und still in mir, aber nicht langweilig. Eher ist es eine frohlockende, vibrierende Stille. Es

ist viel los, ohne dass irgendetwas los wäre. Äußerlich ist nichts los, aber innerlich ist im Grunde alles los, weil ich so erfüllt bin von der Fülle des Nicht-Denkens und meiner Bewusstheit, dass mein Herz die ganze Welt umarmt. Schlicht gesagt: Ich bin einfach nur gut drauf. Deshalb ist es für alle so gut, wenn sie mich haben!«

# Wenn die Gedanken nicht

dann leuchtet innere Stille aus uns heraus.

## Ausstiegsimpuls »nur Nur«

Jetzt zu meiner Bewusstheit springen!

# mehr kreiseln …

Alles ist möglich und alles
ist wenn
wir nicht
mehr unseren
Frieden durch
unnötige Kreis-
gedanken stören.
Endlich ein
Willkommen
für die
Meise
!

**Es reicht,**
**einfach zu sein und**
**einfach zu sein.**

# Automatismen durchbrechen

Heimtückischerweise springt das Gedankenkarussell vollautomatisch an. Von allen Automatismen bilden diese Mentaldreher wohl den Gipfel psycho-interner Frechheiten; wir können ihnen leicht durch Bewusstheit begegnen, denn Wachheit und Automatismus widersprechen einander. So erstaunt es nicht, dass selbst die verschiedenartigsten Therapieformen alle einen gemeinsamen Grundzug haben: nämlich Bewusstsein in unbewusste Bereiche zu bringen. Das bestätigt unsere Route, die den Ausstieg aus automatischen Gedankendrehern durch Bewusstheit anstrebt.

Die befreiende Schlagkraft der Wachheit können wir bereits bei viel harmloseren Automatismen zum Zuge kommen lassen. So stärken wir im Kleinen unsere Wachheit, um sie gut durchtrainiert auf die größte Frechheit ansetzen zu können. Hier scheint sich eine Schwierigkeit aufzutun: Wir machen so viel automatisch und aus Gewohnheit, dass wir bestimmt verrückt würden, wenn wir den Anspruch hätten, sekündlich alles neu und anders als je zuvor machen zu wollen.

Wie können Sie also einsteigen? Ganz einfach, indem Sie auch gewohnheitliches Sprechen und Handeln immer wieder bewusst wollen und wählen. Nach der Devise: Ich esse heute wieder ein Croissant, putze mir die Zähne, *weil ich es jetzt will* – nicht einfach aus Gewohnheit. So kommen sofort mehr Spaß und Gegenwartsbewusstsein in andernfalls unbewusst-reflexhafte Automatismen. Eine Begleiterscheinung im gewählten Beispiel ist ein erhöhtes Genießen des Croissants. Im verbalen Bereich nerven besonders stereotype Verballhornungen. Sagt jemand *immer* »zum Bleistift« anstatt »zum Beispiel«, so demonstriert er den hier gemeinten Effekt.

Alle Automatismen zocken Energie ab, alles bewusst Gewählte nährt – das lässt sich leicht beobachten. Deshalb rüsten wir mit dieser Strategie unsere Wachheit auf. Es zeigt sich immer wieder: Wiederholungszwänge meiden Bewusstheit wie die Pest. Genau dadurch wird abermals ein Schwungrad des Gedankenkarussells zum Stillstand gebracht.

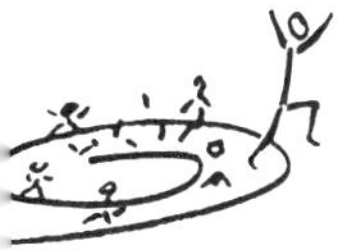

Wer seinen Automatismen durch Wachheit entkommen ist, spürt eine intensivere Teilnahme am Leben.

**Selbsterforschungsfragen**

- Welche Automatismen beobachte ich an mir?
- Welche Automatismen beobachten andere an mir?
- Womit langweile ich andere (und mich selbst)?
- Gibt es Aussagen, die ich sogar denselben Personen gegenüber wiederhole?
- Habe ich ein automatisiertes Verhaltens- oder Sprechrepertoire, das einengt, anstatt effizient und praktisch zu sein? (Es ist zum Beispiel praktisch, die Schlüssel immer an denselben Ort zu legen, trotzdem könnte man's obendrein bewusst machen.)
- Wie könnte ich bestimmte Automatismen ablegen?
- Will ich bewusst oder automatisch leben?

BRUNHILD und KARIN sitzen im Strandcafé und widmen sich der achten Strategie.

BRUNHILD: Ein Automatismus liegt vor, wenn ich etwas tue, ohne zu bemerken, dass ich es tue. Und wenn ich's nicht bemerke, kann ich auch schlecht was drüber sagen. Sag du mir deshalb, welche Automatismen *du* an mir bemerkst.

KARIN: Gut, ich sage dir, was mir aufgefallen ist und du sagst mir dann auch, welche Automatismen du an mir wahrgenommen hast. Ich fürchte, dass das nicht besonders schmeichelhaft ist. Aber wir nehmen es als Übung.
BRUNHILD: Ja klar. Es ist sicher hilfreich – auch wenn's nicht reinläuft wie Sahne. Also schieß los!
KARIN: Mir fällt auf, dass du immer wieder deine Intelligenz anzweifelst. Mir scheint, du machst das automatisch.
BRUNHILD: Stimmt. Ich kann das jetzt auch wahrnehmen. Sag noch was.
KARIN: Jedes Mal, wenn wir hier im Urlaub eine Katze sehen, erzählst du mir irgendetwas von deinem Kater. Eine Geschichte sogar schon dreimal, weshalb ich vermute, dass du das automatisch machst.
BRUNHILD: Ja, sogar vollautomatisch. Das ist ja richtig doof, weil ich dich als Gesprächspartnerin dann gar nicht wahrnehme.
KARIN: Jetzt gerade nimmst du mich sehr wahr! Ist doch wirklich interessant: Dadurch, dass du eine Verhaltensweise bei dir selbst deutlicher erkennst und ihre Auswirkung auf mich siehst, fühle auch ich mich augenblicklich mehr wahrgenommen ...

**Es geht also darum,**

den Mut zu Neuanfängen aufzubringen, quer und neu zu denken und zu leben und sich nicht von Automatismen hypnotisieren zu lassen, denn dadurch gehen wir uns flöten.
So verstehe ich *Martin Heidegger*, wenn er schreibt:
»Der natürlichen Trägheit des Menschen entspricht es, alles aus dem Bisherigen her zu deuten und so sich selbst aus dem Bereich des bereits Wirklichen und seiner Wesentlichkeit auszuschließen.«[12]
Und wenn wir uns treiben ließen, anstatt träge zu sein?

### Ihre Antwort

### Die Antwort der Meise

»Ehrlich gesagt, ist es so, dass ich gar nichts mit mir *mache*. Komisch eigentlich: Obwohl ich nichts mache, bin ich trotzdem nicht träge. Wahrscheinlich würden andere mich für eine Frohnatur halten – die lässt sich mit Trägheit gar nicht zusammendenken. Ich bin auch wirklich von Grund auf froh, habe jedoch nicht immer so große Auftritte, weil ich allzu oft abgeblockt werde.
Ach je!«

# Wenn automatische zukreiseln …

dann erbeuten sie unsere Freiheit.

## Ausstiegsimpuls »Schwerkraft der Gewohnheit«

Ich entautomatisiere mich,
indem ich vollherzig tue, was ich tue.

# Gedanken uns

O je! Ein Gedankendreher jagt
den nächsten. Alle Dreh-
spuren werden tiefer
und tiefer und die
arme Meise
piept nur
noch
ihr
S
O
S

**Die große Weihe:**
**Wenn Geist und Seele**
**sich auf der Weide**
**der Spontaneität tummeln.**

# Ganz normales Leid bändigen

So mancher Bumerang kommt nicht zurück.
Er wählt die Freiheit.

Stanislaw Jerzy Lec

Ganz normales Leid besteht im weitesten Sinne nur aus zwei Komponenten: Erstens es ist eingetreten, zweitens es stellt einen Verlust dar. Wenn es nicht eingetreten ist, gehört es als befürchtetes, vorgestelltes, erhirntes Leid in die später zu untersuchende Kategorie »selbst gestricktes Leid«. Die Art des Verlusts ist so vielfältig wie die Leidenspalette selbst. Wir können Gesundheit, geliebte Menschen, Fähigkeiten, Besitz, Möglichkeiten, Träume usw. verlieren. Wenn Friedhelm nach vier Monaten des Liebesglücks mit Sandra feststellt, dass seine Flamme zur nörglerischen Xanthippe mutiert, so verliert er schlagartig seine Traumfrau und die unbehinderte Fortsetzung des fröhlichen Auftakts.
Zum »Vorteil« gereicht uns das ganz normale Leid insofern, als es uns, wenn auch unerwünscht und heftig, mit uns selbst konfrontiert und in die Gegenwart wirft. Das Nachgefühl zu realem, normalem Leid ist bei vielen Menschen sogar eines der Annahme und Dankbarkeit. Die Sätze in diesem Zusammenhang lauten: »Erst durch die Krankheit bin ich wach geworden und ich fand den Mut, mein Leben zu ändern.« »Erst nachdem ich alles verloren hatte, verspürte ich die Kraft, mein Leben selbst in die Hand zu nehmen.«
Natürlich stellt sich hier auch die Frage, ob wir vom extremen Leid verschont würden, wenn wir sozusagen vorher und aus freien Stücken mehr im Sinne unserer besten Mög-

lichkeiten in die Gänge kämen ... Die Antwort auf diese Frage ist sicher komplex, denn extremes Leid könnte aufgrund einer rechtzeitigen Eigeninitiative insofern ein *Erfolg* sein, als es dem noch extremeren Leid bereits den Wind aus den Segeln genommen haben könnte. Wie sehr das ganz normale Leid uns auch ankicken mag, es gewährt keineswegs die Garantie, dass wir nicht ins Gedankenkarussell einsteigen. Leider! Im besten Falle mobilisiert es einfach unsere Ressourcen und im ungünstigsten Falle verschlimmern wir es noch durch leidvolle Gedankendreher. So wird mitunter aus knackigen Herausforderungen eine Glitschpartie im Kopf.

Fahren wir mit den Ausstiegsimpulsen fort und befassen uns mit dem, was jetzt getan werden kann, um ganz normales Leid zu bändigen.

## Aus unerfreulichen Situationen aussteigen

Bevor eine blöde Situation zum Problem, das heißt zum Rotationsmaterial im Kopf wird, können wir auf drei konstruktive Arten mit ihr umgehen:

- Wir können sie verändern.
- Wir können sie verlassen.
- Wenn die ersten beiden Punkte nicht möglich sind, bleibt uns nur, sie vollständig zu akzeptieren. Ohne Akzeptanz würde uns ein Kampf gegen die Realität, in dem wir nicht gewinnen können, zusätzlich belasten. Vollständig zu akzeptieren ist somit alles Unwiederbringliche, wie der Tod geliebter Menschen, alles, was die Vergangenheit an sich gerissen hat: das zu Schrott gefahrene Auto, die abgebrannte Hütte, der rausgeschlagene Schneidezahn ... Wie der Rheinländer sagt: »Watt fott is, is fott.«

Zum Problem oder zum selbst gestrickten Leid wird die Situation, wenn wir andere anschuldigen, also Sündenbockpflege betreiben, denn dadurch schwächen wir unsere eigene Initiative. Ist ja klar: Wenn ich sage: »Du bist schuld«, sage ich zugleich: »Du hattest und hast die Macht, es zu verderben und – vielleicht – es wieder gutzumachen.« Damit lasse ich also alle Handlungskompetenz beim andern. Es lohnt sich wirklich, sich klarzumachen, dass wir mit jeder Schuldzuweisung das Handlungszepter weggeben und uns so selbst in eine ohnmächtige Position katapultieren. Mit der Beschuldigung mache ich zwar vordergründig den andern zum Opfer meiner Vorwürfe, bleibe aber hintergründig selbst auf der Strecke. Viel befriedigender ist es, Beschuldigungen durch Eigenverantwortung und Initiative zu ersetzen! Die penetrante Schuldzuweisung jagt außerdem das Gedankenkarussell auf Hochtouren. Vielleicht ist es so,

dass die zur konstruktiven Handlung nicht zugelassene Energie dann ersatzweise in der Birne rotiert.
Im Gedankenkarussell landet das ganz normale Leid auch, wenn wir unsere Handlungskompetenz in Jammerei versanden lassen. Dadurch katapultieren wir uns wieder in die Ohnmachts-/Opferposition.

So können Sie einsteigen:

*Erstens:* Machen Sie sich vorab bei *jeder* Situation klar, ob Sie sie verändern oder verlassen können. Wenn nicht, dann ist es am kräfteschonendsten, sie vollständig zu akzeptieren.

Zweitens: Überprüfen Sie, ob Sie Ihre Handlungskompetenz und Ihre Ressourcen durch Schuldzuweisungen oder Jammerei beschneiden.

Drittens: Ermächtigen Sie sich selbst zur vollständigen Akzeptanz oder Tat, indem Sie sich fragen:
- Was ist in dieser Situation zu tun?
- Mit welcher Handlung könnte ich die Sache zum Besten wenden?
- Welche klaren Worte müssten gesprochen werden?
- Zu welcher Konsequenz müsste ich bei dieser Handlung bereit sein?
- Wann beginne ich?

Der erste Erfolg, den Sie durch diesen Einstieg einheimsen, ist das Verlassen des Gedankenkarussells. Wenn unser Kopf geradeaus denkt, also zielgerichtet und konstruktiv mit einer Angelegenheit umgeht, hört er automatisch auf zu rotieren. So einfach ist es ...

Wer erfolgreich mit unerfreulichen Situationen umgeht, nutzt handelnd all seine Ressourcen und entspannt sich – gibt sich gar vertrauensvoll hin –, wenn keine eigenen Register mehr gezogen werden können. Sein Hirnrädchen steht still.

BRUNHILD entscheidet sich, ihre Nachbarin wegen des Schlüssels anzurufen. Sie spricht die Sache direkt an. Sie ist bereit, die »schlimmste Konsequenz« auf sich zu nehmen, nämlich, dass ihre Nachbarin sie für vergesslich halten könnte.

Wollen wir eine Sache klar und direkt ansprechen, so eignet sich die *Kommunikationsgegenwartsregel »Worte der ersten Wahl«* zu benutzen. Das bedeutet: Der andere wird nicht manipuliert durch Vorwürfe, Jammerei oder Ähnliches, stattdessen fühlen wir ganz genau, was bei uns an innersten Gefühlen, Empfindungen und Reaktionen vorliegt und die bringen wir klar und direkt – das heißt ohne wertendes Vokabular – zum Ausdruck.

**Es geht also darum**

mitzukriegen, wann wir durch Vorwürfe und Schuldzuweisungen unserer eigenen Handlungsfähigkeit das Wasser abgraben. Sodann können wir genau in diesen Hinsichten die Verantwortung für unser Leben übernehmen. So entsteht Freiheit aus dem praktischen Vollzug von Verantwortung. *Fritz Perls* beschreibt es so:

»Man kann vernünftigerweise nicht Verantwortung für etwas übernehmen, wozu man keinen Kontakt hat. Das gilt für Vorkommnisse in entfernten Gegenden, von denen man vielleicht noch nie gehört hat, es gilt aber auch für Ereignisse im eigenen Leben, sofern man ihrer nicht gewahr ist. Wenn man mit ihnen Kontakt aufnimmt und deutlich gewahrt, wie sie beschaffen sind und welche Rolle sie im eigenen Leben spielen, dann wird man verantwortlich für sie – nicht in dem Sinne, daß man nun eine Bürde anzunehmen hätte, die vorher nicht da war, sondern vielmehr in dem Sinne, daß man selbst derjenige ist, der zu entscheiden hat, ob sie fortbestehen solle oder nicht. Das ist eine ganz andere Auffassung von Verantwortung als jene, die im innersten Grunde vom Begriff der moralischen Schuld geprägt ist.«[13]

Ist doch ein herrlicher Kraftschub, nicht mehr auf Wiedergutmachung zu warten, sondern selbst aktiv zu werden, oder?

**Ihre Antwort**

**Die Antwort der Meise**

»Also ich warte nie, sondern piepe vollherzig ins Leben hinaus. Deshalb geht's mir gut. Noch grandioser fände ich es allerdings, wenn ich in viel mehr Menschen piepen könnte ... Allein die Vorstellung: Alle hätten eine Meise!«

## Wenn die Gedanken sich im

dann verspielen wir unsere

Verantwortung.

## Ausstiegsimpuls »entjammert«

Ich genieße das Machbare
und halte mich nicht mehr auf.

# Leidrillen hineinkreiseln ...

Im Leidkreiseln wird die
Meise restlos nervös,
flattert wild um
sich, weil sie
in zu enger
Hirnrille
fest-
sitzt;
ach
je
!

**Was kann ich tun,
wenn ich wirklich nichts mehr
tun kann?**

## Geliebte verlieren

Die Geliebten zu verlieren ist so schmerzlich, dass ich mich fast scheue, diese Katastrophe unter der Rubrik »normales Leid« einzuordnen. Aber gemäß der Definition im Eingangsabschnitt treffen alle Kriterien zu: es kommt vor, es ist ein Verlust, es führt zur Selbstkonfrontation. Geliebte Menschen kommen uns auf zwei Weisen abhanden: entweder sie verlassen uns aus welchen Motiven auch immer oder der Tod nimmt sie mit. (Wenn wir selbst die Geliebten verlassen, haben sie in der Regel aufgehört, *Geliebte* zu sein, weshalb wir nicht so sehr Verlust, sondern meist eher Befreiung spüren.) Um den Verlust geliebter Menschen zu verkraften, müssen wir das Unwiederbringliche akzeptieren. Es ist vorbei. *Jetzt* ist etwas anderes. Es gibt eine neue Gegenwart, wie leer und unattraktiv sie sich auch anfühlen mag. Wenn wir nicht akzeptieren können oder wollen, dass die Katastrophe passiert ist, bleiben wir ewig rückwärts gebunden. Trotzdem scheint der Verlust der Geliebten eigentlich *nicht* akzeptabel, weshalb die Aufforderung, das Unwiederbringliche eben doch zu akzeptieren, sich wie eine Zumutung anfühlt. Unglücklich beendete Liebesbeziehungen machen manche zu Dauergästen im Gedankenkarussell. Typische Pirouetten sind: »Ach, wie war es schön, aber alles ist vorbei.« (Hadern, Selbstmitleid) »Du bist so gemein und hast mich nie wirklich geliebt.« (Schuldzuweisung, Sündenbockpflege) »Ich konnte dir einfach nicht gerecht werden.« (Selbstbezichtigung) »Nie wieder werde ich meines Lebens froh.« (Projektion vergangener Erfahrung in die Zukunft) »Das Leben hat einfach keinen Sinn.« (Gesamtverdammung aufgrund eines Ausschnitts)

Wir sehen, wie ungemütlich es im Karussell ist. Der ganze romantische Müll wird durch die Gedankendreher zum hochgefährlichen Sondermüll, dem wir allein dadurch den

Stachel nehmen können, dass wir unsere Pirouetten den verschiedenen, oben jeweils eingeklammerten Müllkategorien zuordnen. Um nämlich diese Mülltrennung vornehmen zu können, müssen wir bereits aufhören, eindimensional vor uns hinzumüllen, und müssen uns stattdessen auf die Metaebene der Beobachtung begeben, um wenigstens für Sekunden geradeaus denken zu können; denn ohne diese etwas abständige Wachheit gelänge die Zuordnung zu einer bestimmten Müllkategorie gar nicht. Es gibt Morgenröte am Horizont! Da ist zunächst beharrlich – vielleicht über Tage oder Wochen – einfach nur die Mülltrennung zu praktizieren, sodann die Versicherung unendlich vieler Menschen, dass es ein Leben nach der Trennung gibt.

Und wie können Sie das Unmögliche möglicher machen?

Die Akzeptanz des Verlusts hat allenfalls die größte Chance auf dem Nährboden der Realität. Das heißt, Sie stellen sich dem Verlust: Sie müssen austrauern, aber dürfen sich nicht festtrauern. Gehen Sie allein oder im Gespräch mit andern die folgenden Punkte durch:

- Ich realisiere und zähle auf, was ich alles verliere, indem ich den geliebten Menschen verliere.
- Ich realisiere aber auch, was ich durch den Verlust gewinne.
- Ich spüre alles, wofür ich dankbar bin.
- Ich vollziehe den Abschied auf alle mir sinnvoll erscheinenden Arten.
- Ich weiß um die Vergänglichkeit aller Erscheinungen. Ich begreife, dass mein jetziger Verlust zum Geschick des Menschseins dazugehört. Ich fühle auch das ganz tief. Ich halte inne.
- Ich spreche darüber, wie sich der Verlust anfühlt; wie ich ihn seelisch und sogar körperlich konkret fühle.

➢ Ich spreche so lange über meine Empfindungen – nicht über den oder die Verlorene – bis es mir besser geht. (Alternativ könnten Sie diese Empfindungen auch aufschreiben.)

Im Erfolgsfall sehen Sie, dass es neben dem verlorenen Geliebten ganz aktuell noch andere Menschen gibt.

**Es geht also darum,**

sich dem Seelenkahlschlag durch einen Verlust wirklich zu stellen. Andernfalls kommen uns nicht nur die Geliebten abhanden, sondern auch noch einige unserer Möglichkeiten. *Ram Dass* akzentuiert diesen Aspekt so:
»Was mir an Trauerarbeit fehlt, fehlt mir an der Freiheit.«
Im extremsten Fall scheint den Verlassenen das eigene Leben nicht mehr lebenswert; dann ist der Absturz wirklich gravierend. *Anne Philipes* Worte fangen die Ungeheuerlichkeit mancher Trennung ein:
»Stündlich fragte ich mich, nicht
wie es möglich sei, dass ich lebte,
sondern einfach, wie mein Herz
weiterschlagen konnte, nachdem
deines stehengeblieben war.«[14]
Vielleicht geht es im Falle einer Trennung nur darum, nicht auch noch sich selbst im Stich zu lassen ...

**Was meinen Sie?**

### Wie's die Meise erlebt

»Ich lasse weder andere noch mich im Stich. Das ist ja klar – schon deshalb, weil ich gar nicht so krass unterscheide zwischen andern und mir. Natürlich gibt's Veränderung. Wenn die Geliebten gehen, dann geht auch in mir irgendetwas mit. Ich stemme mich nicht dagegen, sondern bin bereit für das Neue, das jede Veränderung mitliefert.«

# Wenn Liebeskummer

## dann werden erleichternde Abschiede und eine unbelastete Zukunft versperrt.

### Ausstiegsimpuls »sich freilieben«

Ich ver- und entliebe mich
und verliere mich
im Absichtslosen.

# Gedanken kreiseln lässt ...

Die Geliebten kommen und sie
gehen – das interessiert
nicht die Meise; sie
singt ihre Weise
und schickt
unser Herz
auf eine
neue
R
e
i
s
e
.

**Immer wenn die Geliebten**
**fortgehen,**
**kann auch des Verlassenen Seele**
**weiterziehen.**

## Angst loswerden

Wenn wir nicht mit der Angst umgehen, geht die Angst mit uns um. Streng genommen gehört die Angst zum selbst gestrickten Leid, weil sie in der Regel Folge von einer seelischen Altlast ist und dann als Befürchtungsgedanke neurotische Blüten treibt. Daneben gibt es normale Ängste, die unser Leben schützen, wie beispielsweise die Angst, eine befahrene Autobahn schlendernd zu überqueren. Interessanterweise steigen wir bei ganz normalen Ängsten nicht in die Gedankenmühle ein, sondern handeln einfach nur angemessen. Leider ist es aber so, dass sich normale Ängste mitunter durch Gedankendreher zu überdimensionierten Ängsten auswachsen, weshalb sie diesem Kapitel zugeordnet sind. Unsere Gedankendreher sind oft der Haupttreibstoff von Ängsten. Deshalb gehört zum Ausstieg aus Ängsten ganz fundamental der Ausstieg aus dem Hirnrädchen. Gehen wir's systematisch an, indem wir bei den uns unnötig einengenden Ängsten nochmals differenzieren zwischen Ängsten, die wir noch anschauen können und solchen, die uns vollständig packen.[15] Zentrum der Lösung ist wie immer: nicht ausweichen, sondern innehalten bei dem, was ist. Dadurch gelangen wir in die Gegenwart und sind bei uns.

So können Sie ganz konkret mit Ängsten umspringen. Geben Sie sich folgenden Punkten hin:

- Ich weiche der Angst nicht aus, sondern spüre sie ganz genau.
- Ich gewahre die Angst von der Metaebene aus.
- Ich verweile ganz bewusst bei der Angst.

Bin ich mit jemand zusammen, dann nutze ich eine *Kommunikationsgegenwartsregel*, indem ich die Angst genau beschreibe. So halte ich bei der Angst inne. Bin ich allein, beschreibe ich sie mir selbst. Ich gehe anhand folgender Fragen vor:

- Wo fühle ich die Angst körperlich?
- Wie seelisch?
- Wenn die Angst sprechen könnte, was würde sie sagen?
- Was will sie von mir?
- Oder was will ich von ihr?
- Kann ich mich mit der Angst unterhalten? Was sagt sie? Was ich?
- Wenn die Angst ein Gegenstand wäre, welche Farbe, Gewicht, Ausdehnung, Material, Temperatur hätte sie? Verändert sie sich, während ich sie beschreibe? Wie verändert sie sich genau?

Mit der genauen Erspürung der sich ständig ändernden Antworten bringen wir Bewusstsein in die Angst. Wenn wir lückenlos dranbleiben, verschwindet die Angst. Entweder Angstdreher im Kopf oder die Freiheit der Bewusstheit!

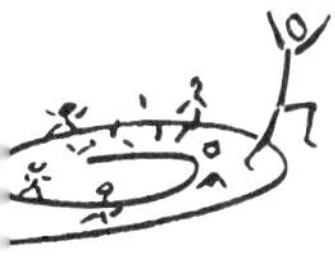

Im Erfolgsfall erleben Sie, dass die Enge der Angst in der Weite der Bewusstheit keine Chance hat.

BRUNHILD hat Angst, dass ihr Kater nicht optimal versorgt wird, wenn die Nachbarin nicht ins Haus kann, aber noch größer ist ihre Angst, für doof gehalten zu werden. Sie beschreibt KARIN diese Angst:

BRUNHILD: Ich fühle die Angst im Brustraum. Sie macht mich eng und schwer. Wenn die Angst sprechen könnte, würde sie sagen: »Ich passe auf dich auf. Du gehörst mir.« Ich antworte ihr: »Ich will aber nicht dir gehören. Ich will mir gehören.« Die Angst antwortet: »Dazu bist du zu dumm!« Ich werde wütend, weil die Angst so widersprüchlich ist: Zum einen behauptet sie, auf mich aufpassen zu wollen, und zum andern erklärt sie mich für dumm. Ach, du meine Güte! Das ist ja der Originalton meines Vaters! Ich merke gerade, jetzt lässt die Angst nach.

**Es geht also darum,**

Ängste nicht größer und unheimlicher zu machen, als sie sind. Das erreichen wir, indem wir versuchen, sie nicht irgendwie wegzudrücken, sondern indem wir sie genau anschauen. So versetzen wir uns in eine Machtposition Ängsten gegenüber, anstatt sie unkontrolliert in uns toben zu lassen. Das lohnt sich auch deshalb, weil es, wie *Jo Ann Larsen* sagte, für Langstrecken-Leidende am Ende des Lebens keine Medaillen gibt. Es besteht ja immerhin die Möglichkeit, dass das Schlimmste gar nicht so schlimm ist, oder?

**Ihre Antwort**

**Die Antwort der Meise**

»Schlimm oder wunderbar: Das ist doch beides einseitig. Das Schlimme ist nicht schlimm und das Wunderbare nicht wunderbar für mich. Ich erlebe einfach nur, dass *alles* ist.

Klar: Ich bin extrem bzw. normal. Normalität ist ein Seelen- und Geistesklima ohne unnötige Wellen. Deshalb finde ich es so beglückend, wenn Einseitigkeiten durch Allseitigkeit ersetzt werden. Dann spüre ich so viel Fülle, dass ich einfach nur grundlos zwitschere.«

# Wenn Ängste Gedanken

## dann wird alles schlimmer, als es ist.

### Ausstiegsimpuls »langweilige Ängste«

**Ich verweile bei der Angst so lang, bis sie langweilig wird.**

# zum Kreiseln bringen ...

»Die Schrecken der Vergangenheit
werden wiederkommen, es wird
noch viel schlimmer wer-
den«, so der ewige
Vielfachdreher,
der nix
weiß
von
M
e
i
s
e
n
!

**Innen,**
**ganz tief innen in der Angst**
**pulsiert die Freiheit.**

# Selbst gestricktes Leid auflösen

How happy he had been a few days ago
when he imagined he had problems.

Iris Murdoch

Steigen wir mit einer Definition ein:

Selbst gestricktes Leid ist ein solches, das wir selbst nähren, hervorrufen oder verschlimmern durch unsere Gedanken und Emotionen.

Stoff des selbst gestrickten Leids ist entweder ein normales Leid – vergangen oder aktuell –, das wir größer und krasser machen und an dem wir festhalten, oder es ist ein nur vorgestelltes Leid, das wir durch Befürchtungen hervorrufen und nähren.

**Selbst gestricktes Leid**

ist eine schlimme Situation, die vorliegt oder vorlag und die

- weitergefüttert wird
  - durch Gedanken
  - Emotionen wie Ärger, Aufbegehren, Nachtragen, Bitterkeit, Beleidigtsein, Rachemanöver, Groll

↓

Das sind alles *Re*aktionen, die als solche bereits Souveränität und Freiheit der Handlung ausschließen.

liegt auch in Form von Befürchtungen vor

- relativ realistische Befürchtungen
- unrealistische Befürchtungen

Die Scheidelinie zwischen normalem und selbst gestricktem Leid ist sehr präzise wahrnehmbar. Normales Leid macht uns weich, traurig, verzweifelt, wach; es zwingt uns mitunter zur Hingabe an das Leben. Es wirft uns in die Gegenwart, verleiht uns oft Tiefe und verbindet uns mit uns selbst. Für andere ist es widerhakenfrei, unmittelbar mitfühlbar, weil es kein Drama enthält und einfach nur ist, was es ist. Im normalen Leid können schlagartig Prioritäten sichtbar sein und das Wesentliche des Lebens kann in aller Klarheit vor uns stehen. Ganz anders steht's um das selbst gestrickte Leid. Fast alle Merkmale des normalen Leids lassen sich umkehren. Selbst gestricktes Leid macht uns hart, wütend, aufbegehrend; es treibt uns ins Selbstmitleid oder in den Widerstand dem Leben gegenüber, schneidet uns von uns selbst ab, wirft den Turbo unseres Gedankenrädchens an und lässt die Gegenwart, wie sie gerade wirklich ist, gänzlich verschwinden. Für andere ist das selbst gestrickte Leid nervig oder anstrengend, weil es nicht unmittelbar, sondern nur über geistige Klimmzüge mitvollzogen werden kann. Ferner begünstigt selbst gestricktes Leid unerquickliche, lebensfeindliche Aktionen wie Rachemanöver, Kampf und Streit.
Genau gespürt, werden wir auch für uns selbst anstrengend im selbst gestrickten Leid. Unsere Energie fließt nicht frei, sondern verausgabt sich im mentalen und emotionalen Aufbegehren.

BRUNHILD kann aufgrund ihrer Leid produzierenden Heimkinoshow die ersten drei Tage ihres Urlaubs nicht genießen. Sie begehrt auf gegen ihre Unsicherheit, ob die Nachbarin den Schlüssel nun hat oder nicht, gegen ihr Erinnerungsvermögen, gegen ihre geistigen Fähigkeiten insgesamt, gegen ihre Kindheit, gegen ihren Vater; macht Schlenker des Aufbegehrens gegen die so genannte Leistungsgesellschaft, in der Dummheit Minuspunkte bringt ... Sie verpasst die

Gegenwart, sie fühlt nicht *sich*, sondern hängt in einem Schmerzbild, das sie über die Jahre verfestigt hat und jetzt für ihre Identität hält. Sie hat sich somit auf ihr Ego reduziert.
Fatalerweise benötigt das Ego für seine Existenz Emotions- und Dramastoff. Deshalb hält sich das selbst gestrickte Leid so penetrant.
Das Irreführende und Tragische ist, dass sich dieses Leid in seiner Massivität wahrlich real anfühlt. Zur Krönung gehört dann noch, dass wir unter dieser selbst gestrickten Seelenverpestung mehr leiden als unter normalem Leid.
Und wie können wir's auflösen? Die *Zauberformel* ist immer dieselbe:

- Kontakt zu uns selbst herstellen, anstatt im emotionalen Drama zu rotieren;
- aus dem Gedankenkarussell aussteigen und in die Gegenwart gelangen;
- bewusst und wach innehalten bei dem, was gerade ist.

Widmen wir uns zur Anwendung der Zauberformel wieder einigen Ausstiegsimpulsen, die das Gedankenkarussell zum Stillstand bringen mögen.

## Emotionalen und mentalen Amoklauf beenden

Entwickeln wir zunächst ein Gespür für die oben beschriebene Scheidelinie. Wir lernen, genau den Punkt zu erwischen, an dem wir uns selbst Leid schaffen durch das Füttern von Mücken, bis sie zu Elefanten werden. Die Fütterung ist ein Widerstreben, mit dem wir unser konstruktives und freies Agieren schachmatt setzen und unsere eigenen Opfer werden. Dieses Widerstreben ist also mehrfach unfruchtbar:

- Wir reduzieren uns auf ein Opferbündel mit eingeschränkteren Aktionsmöglichkeiten.
- Wir begehren auf gegen etwas, was gerade ist: sei es gegen ein normales Leid, das wir verschärfen, oder eine normale Gegenwart, die wir mit einer Horrorzukunft überschatten.
- Wenn uns das, was gerade ist, nicht behagt, brauchen wir einen klaren Kopf, um es zu ändern, aber keine rotierende Dramabirne.

Wenn wir gut erkennen, wie oft und wie viele und welche Leidscheite wir ins Feuer unserer Alltagsnöte legen, können wir dazu übergehen, das »einfach« zu lassen. Das machen wir, indem wir die *Bewegung des Widerstrebens umkehren* in ein Bejahen. Was immer gerade sein mag, wir üben eine radikale Bejahung, was *nicht* bedeutet, sich resignativ bejahend in jedweden Mist zu kuscheln, sondern sich im Angesichte dessen, was ist, einen guten Stand zu verschaffen.

So können Sie konkret einsteigen:
Zählen Sie das Unerquickliche und das Tolle in Ihrem Leben auf und sagen Sie sich, dass Sie's genau so jetzt gerade wollen – und zwar bei jedem einzelnen Posten und nur, *weil* es eben gerade jetzt so ist. Dann beschreiben Sie sich selbst oder einer anderen Person, wie sich der *innere Vollzug* einer solchen Bejahung anfühlt.

Brunhilds Geschichte kennen wir schon. Betrachten wir mal genauer, was KARIN in dieses Buch führt: Sie wurde nach zwei Jahren des äußersten Liebesglücks von Fulvio verlassen. Fulvio ist ein extrem reicher und leidenschaftlicher Italiener, der sich vor allem auf die Kunst, ein genussreiches und sinnliches Leben zu gestalten, versteht. So wurde für die arbeitslose Karin das Leben an Fulvios Seite zum reinen Fest. Tolle Häuser in Italien, tolle Autos, noch tollere Liebesspiele ... da hat Karin auch großzügig Fulvios Schattenseiten übersehen – nämlich seine cholerische Ader, seine krankhafte Eifersucht und seine Neigung zu depressiven Verstimmungen. Um's kurz zu machen: Fulvio ist weg! Nicht mit einer anderen, sondern weil er fest – und irrtümlich – glaubt, Karin gehe ihm fremd. Fulvios Drama und seine fatale Phantasie erbeuten das Glück dieses Liebespaars.

Jetzt zu Karin: Sie leidet. Sie liebt Fulvio nach wie vor, und der jähe Verlust des Geliebten und seiner Welt wirft Karin auf sich selbst. Sie spürt den Wert der Liebe, den Schmerz, verlassen worden zu sein. So weit, so real und normal. Sie weint und findet Verständnis sowie Nähe bei ihren Freunden. Sie beginnt, den Schmerz zu verkraften, sieht auch, wie sehr sie unter Fulvios Schattenseiten gelitten hat und wie sehr sie diese beschönigt hat. Dann plötzlich – es geht ihr fast wieder gut, sie hat inzwischen Michael, einen wirklichen Partner gefunden – fängt sie mit selbst gestrickten

Leiddrehern an. Ständig malt sie sich aus, wie schön es mit Fulvio war, wie gemein es ist, dass er sie verlassen hat, wie ungerecht das Leben ist, wie weh es ihr tut, ihn nicht mehr umarmen und liebkosen zu können, so weh, so weh! Sie sieht nur noch das Gute und inszeniert immer wieder den Schmerz, es jetzt nicht mehr zu haben: Einmal im Leben wurde sie auf Händen getragen – vorbei, für immer vorbei! Ihre Freunde verstehen sie nicht mehr. Da hat sie jetzt den netten Michael, der wirklich zu ihr passt, den sie liebt und der sie liebt, und macht noch so ein Theater wegen Fulvio! Monate später sitzt Karin mit Brunhild am Strand und sie widmet sich mit ihr dem nächsten Ausstiegsimpuls.

KARIN: Also Brunhild, ich sag's dir: Ich will nicht an diesen blöden Fulvio denken. *Ich will es nicht!* Heute hab ich den wunderschönen Ausflug nach Florenz noch mal in die Wehmutsschleife gegeben. Da krieg ich von dem Urlaub jetzt auch nicht viel mit. Es ist einfach bescheuert, sich selbst durch diese Gedanken wehzutun.
BRUNHILD: Genau! *Selbst gestricktes* Leid. Aber du liebst ihn anscheinend noch.
KARIN: Selbst wenn, das ist doch kein Grund, ständig diese Selbstmitleidskreiselei auf die Spitze zu treiben.
BRUNHILD: Das heißt, den ersten Punkt hast du erfolgreich absolviert. Du siehst den Unterschied zwischen normalem und selbst gestricktem Leid.
KARIN: Glasklar sehe ich den.
BRUNHILD: Dann wäre jetzt Aussteigen via Bejahen angesagt. Mach's doch einfach mal. Und lass nichts aus. Auch die Vorteile der Trennung nicht vergessen.
KARIN: Also gut. Ich bejahe, dass Fulvio weg ist. Und dann bejahe ich meine Selbstmitleidsrunden – genau, *die* bejahe ich. Kaum, dass ich's sage, ist der Spuk vorbei.
BRUNHILD: Mach trotzdem noch ein bisschen weiter und guck genau, was *jetzt ist*.

KARIN: Ich bejahe, dass ich jetzt, hier entspannt bin und keine Angst vor Fulvios nächstem Wutanfall haben muss. Ich bejahe, dass jetzt für Michael Raum in meinem Leben ist. Ich bejahe, dass die vielen ungerechten Unterstellungen, Fehldeutungen und Verletzungen in meinem Leben nicht mehr sind. Das geht leicht zu bejahen, aber jetzt bejahe ich auch, dass meine gute Zeit mit Fulvio vorbei ist. Ich bejahe es, weil es so ist – nur aus dem Grund.
BRUNHILD: Und wie fühlt sich das an?
KARIN: Zum einen macht es mich stark und klar, ich bekomme Kraft für das, was jetzt und in der Zukunft ist. Zum andern spüre ich auch noch einen gewissen Schmerz, der durch die Bejahung übergangen wird.
BRUNHILD: Und wenn du jetzt einfach diesen Schmerz – vielleicht ein Trennungsrestposten – bejahst, ihn aber nicht mit Erinnerungen fütterst?
KARIN: Ja, das fühlt sich gut an. Das liegt wieder im Bereich des normalen Leids. Mensch, ist das alles einfach!
BRUNHILD: Tja, eigentlich schon.

Wer den emotionalen und mentalen Amoklauf erfolgreich beendet hat, liebt *alles* so, wie es ist, und sei es auch nur, um den bestmöglichen Einstieg zu einem fälligen Ausstieg zu gewinnen …

**Es geht also darum,**

nicht in einen lebensverneinenden Seelenstau zu geraten; nicht mit andern dumm rumzuspielen, nur weil man selbst gerade mal kein gutes Blatt hat. *Rüdiger Safranski* sagt es so: »Bei anderen suchen, was man bei sich nicht findet, oder es dort zerstören, weil man es bei sich vermisst – das sind auch Quellen der Verfeindungsenergie zwischen den Menschen.«[16]

Finden Sie nicht auch, dass es eine Spitzenabkürzung zum eigenen Glück ist, sich mit den eigenen Karten anzufreunden – einerlei, ob sie nun gut oder schlecht sind?

### Ihre Antwort

### Die Antwort der Meise

»Ich lebe nicht, um zu gewinnen oder zu verlieren. Ich lebe, um zu spielen. Deshalb freue ich mich, Karten zu haben – einerlei wie sie sind.«

# Wenn Emotionen das beschleunigen ...

und uns kleinkreiseln, dann verneinen wir, was ist.

## Ausstiegsimpuls »in der Wirklichkeit landen«

Ich mache selbst, was mich an andern
aufregt, und akzeptiere,
was ich nicht ändern kann.

# Gedankenkarussell

Die Meise ist total beleidigt, weil
sie sich imitiert fühlt von den
Emotionaldrehern, die zwar
neben der Spur – aber fest-
gerillt sind und deshalb
das arme Meislein
ganz und gar
verkennen.
Gemein,
gell
?

**Wer fest und bejahend auf
dem Boden der Realität steht,
kann sich besser von seinen Träumen
in milde Lüfte flügeln lassen.**

## Nicht mehr am Unglück hängen

Vordergründig betrachtet scheint diese Karussell-Stopp-Strategie abwegig zu sein, da wir alle bewusstermaßen von uns sagen würden, dass uns nichts ferner läge, als am Unglück zu hängen. Bei gründlicher und feinspüriger Selbstbeobachtung werden viele jedoch feststellen, dass sie aus dem Schmerz eine merkwürdige Art der Genugtuung, Befriedigung oder des Vergnügens ziehen. So könnte sich der ebenfalls merkwürdige Zwang erklären, immer wieder über das Elend zu hirnen und zu sprechen, anstatt klare Veränderungsschritte vorzunehmen. Dieser Zwang stellt eine gewisse Bestandssicherung unseres Gedankenkarussells dar, weshalb es besonders wertvoll ist, ihn dem grellen Licht der Bewusstmachung auszusetzen; zumal die abartige Lust am Unglück es nicht in eine *freudige* Lust wendet, mit der zu leben sich wirklich lohnt. Freilich gibt es schlechte Gründe, weshalb wir verdrehten, indirekten Befriedigungen mitunter sogar nachhecheln: Wer das Verbot in sich spürt, direkte Freuden einzusacken, »wählt« oft den Umweg, aus schmerzlichen Situationen beispielsweise die Genugtuung moralischer Überlegenheit zu ziehen. Wodurch auch immer die Tendenz zur zweiten Wahl ausgelöst sein mochte, eins ist klar: Die Auslösesituation ist vorbei und jetzt spricht alles dafür, sich die erste Wahl zu gestatten. Deshalb lassen wir uns von einer zweischrittigen Impulsfolge ziehen, um dieser Unglücksgenugtuung den Garaus zu machen.

Steigen Sie also mit dem ersten Schritt ein und beobachten Sie, ob Sie diese heimliche, merkwürdige Lust am Unglück haben und wie Sie an ihr hängen. Dabei konzentrieren Sie sich wieder nur auf diese Tatsache, darauf, wie sie sich anfühlt, ohne sie zu etikettieren, zu werten oder andere

Gedanken um sie zu winden. Entscheidend ist, ganz viel Bewusstsein oder Wahrnehmung in das zu bringen, was jetzt ist – eben diese merkwürdige »Leidenschaft« der Unglücksanhaftung. Je tiefer Sie in diese Wahrnehmung eindringen, umso schneller hält das Gedankenrädchen an, umso mehr halten Sie in der Gegenwart inne und kommen zu sich. Genau dadurch ändert sich bereits der unerwünschte Zustand. Es gilt wieder: Bewusstsein oder Hirnmüll!
Zweitens können Sie ein Bewusstmachungsexperiment durchführen. Ich nenne es »im Unglück schwelgen«. Das heißt, Sie übertreiben richtig, um weniger bewusste Tendenzen sichtbar zu machen.

BRUNHILD und KARIN sitzen gerade wieder im Strandcafé und wollen dieses Experiment machen.

KARIN: Hast du was auf Lager, Bruni?
BRUNHILD: Und ob! Ich hab dir doch von Franz-Josef erzählt. Er ist sozusagen mein Partner, wir leben zwar nicht zusammen, aber von einer Beziehung muss man schon noch sprechen. Pass auf, jetzt mach ich das Übertreibungsexperiment zur Bewusstmachung meiner Unglückslust, auch wenn's mir etwas peinlich ist.
KARIN: Komm, leg los!
BRUNHILD: Okay, also ich genieße die Gemeinheiten von Franz-Josef. Da kann ich seelisch richtig aufquellen. Wenn er mich richtig vernachlässigt, übersieht, mich nicht wahrnimmt – herrlich, dann blühe ich einfach auf. Um ganz ehrlich zu sein, ich bin sogar ein bisschen enttäuscht, wenn er mir mal Aufmerksamkeit zollt. Klar, oberflächlich freue ich mich über seine Blumen, aber die größere, tiefere Befriedigung wäre schon, wenn er meinen Geburtstag vergäße. Notfalls muss ich mit meinen eigenen Gedanken nachhelfen, um das negative Bild von ihm zu füttern.

KARIN: Grandios, wie ehrlich du bist. Und wie fühlt's sich an?
BRUNHILD: Zum einen find ich's toll, dass wir so gnadenlos offen miteinander sein können. Und zum andern habe ich das Gefühl, durch diese mich selbst entlarvende Übertreibung der Unglückssucht den Boden unter den Füßen wegzuziehen. Nach dem Motto: So blöd kann man einfach nur unbewusst sein, aber nicht bewusst.
KARIN: Das ist ja auch der Tenor von diesem Buch. Bewusstheit als Killer jedweden Leids.

Wer erfolgreich die Unglücksanhaftung verlassen hat, führt ein undramatisches Leben mit Wonnen erster Wahl.

**Es geht also darum,**

jedweder Leidensförderung den Saft rauszudrehen – und zwar durch minutiöse Wahrnehmung der oft nur teilbewussten Unglücksanhaftung. Beobachten ist wieder mal Trumpf, wie auch *Tony Schwartz* ausführt:
»Wie der Psychologe Jon Kabat-Zinn herausfand, konnten seine Patienten den Teufelskreis aus Schmerz und Angst durchbrechen, der ihr Leiden hervorrief oder verschlimmerte, wenn sie die Fähigkeit entwickelten, einfach nur Beobachter der eigenen Gedanken und körperlichen Empfindungen zu sein.«[17]
Abstrakter formuliert besteht der Teufelskreis darin, etwas mit leidigen Gedanken hochzurüsten, was wir im Grunde gar nicht haben wollen. Das macht doch keinen richtigen Spaß, oder?

## Ihre Antwort

## Die Antwort der Meise

»Da ich nur will, was ich will, rüste ich nix hoch und nix runter mit Gedanken. Mir ist sogar egal, ob man mich hat oder haben will oder eben nicht. Ich *bin* ja sowieso. Ein bisschen schade ist es natürlich schon, denn wenn mehr Leute einen Vogel hätten, dann wär's lustiger, leichter, gemütlicher auf der Welt. Manche wollen mich gar nicht zum Zuge kommen lassen.
Ach je!«

# Wenn Unglückslust uns Gedanken kreiseln

## dann bleibt das Bessere auf der Strecke.

### Ausstiegsimpuls »Unglück ade!«

Ich bin großzügiger mir selbst gegenüber:
Ich verzichte auf mein Unglück.

in unfreiwilligen

lässt ...

Drehend dranbleiben an jeder Verletzung, jeder Beleidigung, damit sich im Gedankenkarussell Meischens Flügelchen verheddern und so der Erlösungsflug mit dem Vogel aus-
b
l
e
i
b
t
.

**Dem Glücklichen schlägt**
**keine Stunde,**
**aber den Unglücklichen schlägt**
**jede Sekunde.**

# Sich gegen selbst gestricktes Leid ent-scheiden

Wenn wir selbst gestricktes Leid durch kräftezehrenden, widerstrebenden Gedankenmüll verstärken, können wir uns zunächst auf die Emotionen besinnen, die dadurch provoziert werden. Wir fragen dann, ob wir das alles *wirklich* fühlen *wollen*. Je tiefer und je deutlicher wir unseren selbst gestrickten Beitrag zum Leid wahrnehmen, umso gewisser und mächtiger ist die Ent-scheidung, ihn fallenzulassen. Wieder einmal ist die ganz bewusste Wahrnehmung bereits Teil der Wandlung.

Konkret können Sie die Ent-scheidung gegen selbst gestricktes Leid auf drei Arten vollziehen:
Erstens, indem Sie innerlich bei jedem Abdriften ins selbst gestrickte Leid die Ent-scheidung bekräftigen, innehalten, sich bejahend auf die Gegenwart besinnen, durchatmen und sich selbst fragen, was täte mir jetzt gut.
Zweitens, indem Sie den Auslösern, die Sie ins Leidstricken katapultieren, keinen Raum gewähren. Das machen Sie im zwischenmenschlichen Bereich, indem Sie sie ganz direkt und vollumfänglich ohne Groll ansprechen. Dabei gilt natürlich: Je weniger Sie im Vorfeld an Ärger oder Unwirschsein geschluckt haben, umso weniger Groll hat sich aufgebaut. Abermals bedeutet das: Je wacher Sie sind, umso schneller bemerken Sie, wann Sie mit der Leidstrickerei beginnen.
Drittens, indem Sie folgenden Satz beliebig oft vollenden:
Ich ent-scheide mich, die Angelegenheit

zu beenden und in eine bessere Richtung zu bringen, indem ich

________________________________________

________________________________________

________________________________________

________________________________________

Hierzu ein *Beispiel*: Birgit teilt Franz gerade zum siebten Mal innerhalb weniger Wochen mit, dass sie gerne Bötchen fährt. Franz weiß es inzwischen, da er weder dement noch unaufmerksam ist. Er fühlt sich unwohl und bemerkt seine negativen Emotionen, die er um diese Mitteilung strickt. Er drückt sein Unbehagen vollständig aus. Er sagt: »Birgit, ich weiß, dass du gerne Bötchen fährst; du hast es mir schon mindestens siebenmal gesagt. Ich beginne, mich unwohl zu fühlen. Meinem Eindruck nach willst du entweder mit dieser Aussage noch eine, mir nicht klare Zusatzmitteilung machen oder du nimmst mich als wachen, dir zugewandten Gesprächspartner nicht mehr wahr oder du bist einfach vergesslich. Als dein Geliebter komme ich in eine milde Krise, wenn ich mich mehr als sounding board denn als Gesprächspartner fühle. Möglich ist auch, dass du irgendeine Reaktion von mir erwartest, auf die ich bisher nicht gekommen bin?«

So richtig Spaß macht das Äußern von Unbehagen nicht gerade, aber es ist immer noch besser, als es runterzuschlucken und zu implodieren, zumal der Groll immer auf den (oft unbewussten) »Täter« zurückfließt. Mit dem direkten und vollen Aussprechen löst sich die Negativität, die andernfalls den Turbo unseres Hirnrädchens hochjagte, ganz von selbst auf. So können wir mit unserer Entscheidung, uns nicht unnötig zu verstricken und zusätzliches Leid zu kreieren, ernst machen. Bereits der Vorsatz, bei nächster Gelegenheit klar und direkt zu sprechen, kann die Negativfilmproduktion in unserem Hirnkästchen unterbrechen.

Wer sich für bestimmte Ergebnisse entschieden hat, wankelt weder im Ungefähren, noch mentalisiert er Runde um Runde im Vorläufigen.

**Es geht also darum,**

sich zu ent-scheiden, alten und neuen Mist schneller aufzuribbeln als zu stricken. Sich mit sich nur nötig, aber nicht unnötig aufzuhalten. In diesem Sinn lässt sich *Cioran* verstehen:

»Als ich vor dem Meer stand, käute ich alte und neuere Schlappen wieder. Die Lächerlichkeit, sich mit sich zu beschäftigen, wenn man das allergewaltigste Schauspiel vor Augen hat, entging mir nicht. Daher wechselte ich rasch das Thema.«[18]

Welches Thema rasch zu wechseln täte Ihnen gut?

**Ihre Antwort**

**Die Antwort der Meise**

»Wenn jemand mich, also eine Meise hat, dann hat er immer alle Themen zugleich und somit auch gar kein Thema. Deshalb entsteht die Verlegenheit nicht, ein Thema mal wechseln zu müssen. Und was mir gut tut, ist genau dieser Zustand: in kein Thema verkrallt zu sein. In gewisser Weise schwebe ich über allen Themen. Ich kann sie anschneiden, aber auch sofort wieder fallen lassen. Keinem einzigen Gedanken gebe ich die Macht, meinen Seelenfrieden zu stören. Meine höchste Priorität liegt also nicht bei diesem oder jenem Gedanken, sondern bei der tiefen Freude, die Gleich-Gültigkeit von allem zu erleben. Das klingt freilich extrem – allein das Leben ist so, ob ich mich reinhänge oder nicht. Daher meine Grundentscheidung: Nichts mache ich durch irgendwelche Gedanken schlimmer – stattdessen bin ich!«

# Wenn uns eine gezielte Gedankengekreisel

dann beginnt schlagartig das Neue.

## Ausstiegsimpuls »ent-scheiden«

Ich erlaube mir den Mut,
mich für mich zu entscheiden.

# Entscheidung vom befreit ...

Zack! Rausgesprungen aus der
Dauerplatte vor der Ent-
scheidung. Wie sehr
freut sich die
Meise, weil
sie jetzt
frei,
ach so frei fliegen und piepen kann.

**Sich zu entscheiden bedeutet,
von Altem wirklich zu scheiden und
für Neues bereit zu sein.**

# Sich keine Sorgen machen

Sorgen sind Was-wäre-wenn-Gedanken. Sie können ziemlich oder ganz unrealistisch sein. Auf alle Fälle zeigen sie, dass wir mit unserem Denken identifiziert sind. Das sorgenvolle Gedankenkarussell wirft sich in eine erfundene Zukunft und erzeugt Angst. Es besteht jedoch keine Möglichkeit, mit einer solchen erfundenen Zukunftssituation umzugehen, eben weil es sie jetzt nicht gibt: Sie ist ein geistiges Phantom. Wir unterscheiden natürlich zwischen unnötiger Sorgerei einerseits und einem umsichtigen, klugen Vorausplanen andererseits. Woran wir erkennen, was vorliegt:

- Das Sorgen hört nicht auf, schwächt und beängstigt, ist Öl im Getriebe des Karussells, schneidet uns von der Gegenwart ab und führt nicht zu konstruktiven Ergebnissen.
- Auf das umsichtige Vorausplanen trifft das Gegenteil zu. Es beendet ein Thema durch die kluge Erledigung dessen, was ansteht. Dadurch stärkt es uns und lässt uns entspannt sein. Eine gezielte Planung können wir in der Gegenwart vornehmen und sie führt in der Regel zu konstruktiven Ergebnissen.

Steigen Sie in den ersten Punkt ein mit Ihrer Antwort auf die Frage: »Welche Sorgen kann ich durch umsichtiges Vorausplanen ersetzen?« Da Sie wirklich immer nur in der Gegenwart handeln können, ist der nächste Punkt Ihre Antwort auf die Frage: »Welches Problem habe ich *jetzt*, nicht in drei Tagen, zehn Jahren oder postmortal in der Hölle?« Den gegenwärtigen Augenblick können Sie dann mit einer Handlung beantworten, wenn er problemträchtig ist, oder einfach genießen, wenn er's nicht ist.

Vielleicht haben Sie aber auch Lust, sich einmal spaßeshalber zehn Teufel an Ihre Hirnwand zu malen. Eine derart willkürliche Übertreibung können Sie nur bewusst machen, wodurch die unbewussten Gedankendreher bereits durchbrochen werden und sich eine Linderung der Befürchtungen einstellt.
Wenn das Gewahren der Gegenwart uns ganz erfüllt, ist einfach kein Raum für Sorgen da. Ein schlichtes Experiment bestätigt diesen Sachverhalt: Probieren Sie einfach, die Gegenwart voll zu genießen und sich *gleichzeitig* Sorgen zu machen. Sie werden feststellen, dass das nicht geht.

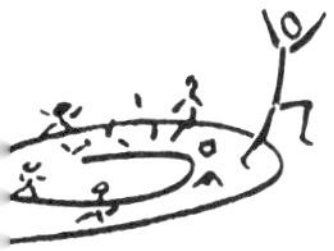

Wer sich keine Sorgen macht, gestaltet die gegenwärtige Situation und gibt sich der Zukunft vertrauensvoll hin. (Wer kein Vertrauen hat, muss es sich noch einfacher machen und sich der Gegenwart einfach so hingeben ...)

BRUNHILD und KARIN liegen am Strand.

KARIN: Machst du dir irgendwelche Sorgen?
BRUNHILD: Ja und ob, wegen meines Katers und des Schlüssels. Aber jetzt nach dem Telefonat ist das natürlich vorbei.
KARIN: Genau! Du hast den seinerzeit als problematisch erkannten Augenblick durch eine entsprechende Handlung beantwortet und die Sorgerei hat aufgehört. Auch wieder ganz einfach.
BRUNHILD: Ja, zumindest im Nachhinein, wenn's geschafft ist. Und du? Machst du dir Sorgen?
KARIN: Leider zwischendurch – und zwar die allerunnötigsten. Wenn die Autorin von dem Buch hier eine Sorgenschlimmheitsrangliste gemacht hätte, dann wären meine sicher in der Kategorie »Oberpanne«.

BRUNHILD: Klingt spannend! Erzähl mal!
KARIN: Du darfst nicht lachen, aber ich mache mir – genau, *ich mache mir* – Sorgen, ob Fulvio noch lebt. Er hat auch immer mal von Selbstmord geredet. Und dann geht in meinem Kopf die Post ab: Ich sehe ihn an einem Baum hängen, neben seinem tollen Auto im Straßengraben, als Wasserleiche ... Und dann denke ich, ob ich mehr hätte um ihn kämpfen sollen. Außerdem mache ich mir Sorgen wegen meiner finanziellen Situation. Wenn ich mal alt bin, kann ich mir kein gutes Altersheim leisten.
BRUNHILD: Sag mal, wie alt bist du jetzt?
KARIN: Gott, ist mir das peinlich, ich bin achtundzwanzig.
BRUNHILD: Also Fulvio streichen wir. Da heißt's: ab in die Gegenwart. Und deine finanzielle Situation müssen wir gut durchdenken. Das machen wir im Sitzen im Café, mit Stift und Papier. Komm!

**Es geht also darum,**

entweder konkret etwas zu machen oder sich Sorgen zu machen. Auch *Novalis* plädiert dafür, das Leben zu gestalten, anstatt ein fremdbestimmtes Romanfigürchen voller Sorgen zu sein:
»Das Leben soll kein uns gegebener, sondern ein von uns gemachter Roman sein.«[19]
Wie soll das nächste Kapitel in Ihrem Lebensroman aussehen?

**Ihre Antwort**

**Die Antwort der Meise**

»Das ist schwer zu beantworten. Also ich bin überhaupt nicht passiv, nicht fatalistisch; ich lasse auch nicht einfach alles auf mich zukommen – so als wenn ich hier wäre und da drüben die Umstände, die sich an mich ranmachen. Trotzdem schreibe ich nicht an meinem Lebensroman. Ich bin nicht eingreifend aktiv, sondern antwortend aktiv. Dabei ist meine chronische Testfrage: Welches Verhalten, welche Handlung gewährt mir die größtmögliche Freiheit von blöden Gedanken. Für mich ist dann alles klar, aber wer hat schon eine Meise, o je?«

# Wenn Sorgen unsere touren kreiseln lassen …

dann ist der Kopfspuk perfekt.

## Ausstiegsimpuls »Ent-Sorgung«

**Ich entsorge meine Sorgen, indem ich sie aufschreibe, genau anschaue, übertreibe, mir klar mache, dass sogar das Schlimmste vielleicht gar nicht so schlimm ist, wie ich befürchte.**

# Gedanken auf Hoch-

Meiselein will unsere Köpfe
frei, um Platz zum Fliegen
zu haben. Aber ach:
Sinnlose Sorgerei
stutzt des
Geistes
Flügel
sehr
.
.
.

**Leben Sie schon oder**
**sorgen Sie sich noch?**

## Nicht mehr warten

Das Warten kann von ganz verschiedenen Begleitstimmungen geprägt sein. Wir warten ungeduldig, genervt, gespannt oder voller Vorfreude. Letzteres hat mehr die Qualität des einladenden *Er*wartens. Es gehört nicht zum Kanon der Gegenwartsverneiner, weil die Vorfreude ein bejahendes und somit gegenwartsinniges Gefühl ist. Wir können beim Warten nicht nur qualitative, sondern auch quantitative Unterscheidungen vornehmen. Es ist einfach etwas anderes, ob ich auf Bus, Post und schöneres Wetter warte oder ob ich darauf warte, dass die Kinder ausziehen mögen, ich den Traumprinzen finde, meine Schwiegermutter auswandert. Im schlimmsten Fall warten wir das ganze Leben darauf zu leben. Das Warten ist ein Geisteszustand, in dem wir nicht wollen, was wir haben und stattdessen wollen, was wir nicht haben. Wer wartet, flieht die Gegenwart und verpasst die einzige Zeit, in der es möglich ist, wirklich zu leben. Offensichtlich können wir das Warten nur beenden, indem wir aus der erwünschten Zukunft aus- und in die Gegenwart umsteigen. Anders formuliert: Die erwünschte Zukunft kann nur in unserem Kopf sein. Wenn sie das Gegenbild zu einer unerwünschten Gegenwart darstellt, dann verhindert das ständige mentale Abschwirren in dieses Gegenbild, dass wir jetzt ganz konkret unsere Gegenwart umgestalten. Einer der wirklich unangenehmen Nebeneffekte unproduktiver Gedankendreher ist das Überspringen des Handlungsspielraums. Im Hoffen und Harren hält's Hirnchen uns zum Narren. Sich mental an einer erwünschten Zukunft festzuhalten macht nur Sinn, wenn sie erstens real möglich ist und wenn sie zweitens einen Laufsteg hat, der bereits in der Gegenwart betreten werden kann – und sei es mit nur einem winzigen Schrittchen. Andernfalls lähmt uns das leidige Gedankenrädchen mit

Wartewurzeln und der Nimmerleinstag lacht sich dreckig ins Fäustchen. Das ist nicht besonders motivierend, weshalb wir den lähmenden Geisteszustand des Wartens lieber beenden.

Steigen Sie mit folgenden Fragen ein:

- Worauf genau warte ich eigentlich?
- Was verpasse ich deshalb jetzt?
- Was kann ich tun, um den gegenwärtigen Augenblick attraktiver zu gestalten als den erwarteten?
- Wenn eintrifft, worauf ich gewartet habe, kann ich dann dabei verweilen?
- Wie steht's überhaupt um die Fähigkeit des Verweilens bei mir?
- Wie sinnlich lebe ich?

Wenn wir konkret aus der Geisteshaltung des Wartens aussteigen wollen, ist der erste Schritt natürlich wieder, sich zunächst einmal des Wartens bewusst zu werden. Dann heißt's, die Aufmerksamkeit auf das zu lenken, was jetzt gerade ist: Durch diese Verbindung zur Gegenwart und zu uns selbst verlassen wir auf der Stelle das Gedankenkarussell und damit einher verschwindet der Geisteszustand des Wartens.

BRUNHILD und KARIN machen eine Strandwanderung und sprechen über die Herausforderung, das Warten zu beenden.

BRUNHILD: Bist du jemals vollständig in der Gegenwart, Karin?
KARIN: Doch schon, wenn ich an die sexuellen Abenteuer mit Fulvio denke – das war Gegenwart pur.

BRUNHILD: Ja, stimmt! Aber darüber hinaus denkst du jetzt nicht weiter an Fulvio, gell?

KARIN: Fulvio? Wer ist denn das? Bei so viel Gegenwartsgenuss hier am Meer werde ich mir doch keine trübseligen Leidensplatten auflegen.

BRUNHILD: Wir sind schon ganz schön gut. Heute ist bereits mein dritter Tag ohne überflüssiges Katergehirne.

KARIN: Ich finde, wir sind medaillenwürdig. Aber jetzt mal zur sechzehnten Strategie. Kennst du das mit dem Warten?

BRUNHILD: Und ob! Ich offenbare dir direkt mal meine schlimmsten Wartenummern.

KARIN: Das verzögert dann wahrscheinlich die Medaille. Aber oute dich, Bruni!

BRUNHILD: Mein hirnrissigstes Warten sieht so aus, dass ich auf etwas warte, und kaum ist es eingetreten, warte ich bereits auf das Nächste. Am Morgen warte ich auf den Abend und am Abend auf den nächsten Morgen. Oder ich warte auf die Ankunft von Franz-Josef und kaum ist er da, warte ich schon wieder auf seine Abreise. Und wie ist es bei dir?

KARIN: Ach, ich bin auch nicht besser. Da warte ich sehnsüchtigst auf den Urlaub in der Ferne und fange dann am ersten Urlaubstag direkt mit Heimweh an. Obwohl es in diesem Urlaub anders ist. Ich habe überhaupt das Gefühl, dass die Zeit viel länger und intensiver ist durch unser Bewusstseinstraining.

BRUNHILD: Geht mir genauso. Wartest du jetzt gerade auf irgendetwas?

KARIN: Unterschwellig warte ich aufs Mittagessen. Ich habe Hunger.

BRUNHILD: Dann gehen wir jetzt sofort zum Strandhäuschen und essen was.

KARIN: Körperliches Missbefinden erschwert das volle Einlassen auf die Gegenwart.

BRUNHILD: Deshalb ist's gut, es genau bei sich wahrzunehmen, denn nur dann kann es befriedigt werden.

KARIN: Stimmt! Andernfalls zieht es unterschwellig immer etwas Energie ab. Da haben wir's wieder.
KARIN und BRUNHILD *(gleichzeitig):* Genau spüren, was jetzt gerade ist.

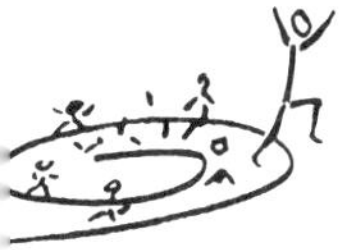

Wer nicht mehr wartet, genießt die Gegenwart.

**Es geht also darum**

herauszufinden, wie und wann unser wirkliches Leben beginnt. *Thomas Merton* beschreibt eindrucksvoll:
»Lange hat es für mich so ausgesehen, als ob mein Leben gleich anfangen würde – mein wirkliches Leben. Aber immer war noch irgendetwas im Wege. Etwas, was ich erst mal kriegen müsste,eine Sache, die erst zuende gehen müsste, Zeit, die erst mal vergehen müsste,eine Schuld, die erst noch abgetragen werden müsste. Aber dann würde mein Leben beginnen. Schließlich dämmerte mir, daß diese Hindernisse mein Leben waren.«[20]
Vielleicht ist schon ein Miniausschnitt des wirklichen Lebens, sich des Wartens ganz bewusst zu sein...

**Was meinen Sie?**

**Was sagt die Meise?**

»Piep!«

# Wenn wir aus jedweder gekreiselt sind …

dann ist jeder Augenblick ein Fest.

## Ausstiegsimpuls »jetzt, jetzt und jetzt …«

Ich wage den kürzesten Sprung:
von hier nach hier.

# Warterei heraus-

Wer eine Meise hat, hört das Zwitschern
im Zwischen von vorhin und später
von da und dort
von dir und mir
von richtig und falsch
zwischen den Wolken

den Himmel, das
Unsagbarste
zwischen
den Zei-
len

.
.
.

**Wer wartet, verpasst**
**den Genuss**
**eines jeden Zwischens.**

# Der Gegenwart innewerden

Es gilt hineinzuhören in das,
wohin wir selbst gehören.

MARTIN HEIDEGGER

KARIN: Wir sind jetzt auf Seite 134 und kommen zum Thema »der Gegenwart innewerden«.

BRUNHILD: Eigentlich geht's in dem ganzen Buch um nichts anderes: Die ersten Ausstiegsimpulse waren zum Thema »Bewusstsein oder Gedanken«. Das Fazit, das ich mir gemerkt habe, ist: Wir sind mehr als unsere leidigen Gedanken und Grübelattacken. Wir können dieses Mehr spüren, wenn wir uns auf die Seite der bewussten Beobachtung schlagen, anstatt uns von unseren Gedankendrehern fangen zu lassen.

KARIN: Genau! Wenn wir uns auf die belastenden Gedanken – siehe Schlüssel und Fulvio – reduzieren, dann schrumpft unser Gesamtselbst zum »Ego«.

BRUNHILD: Auch die Unterscheidung zwischen Ego und Selbst ist wichtig.

KARIN: Das Selbst ist nur in der Gegenwart spürbar.

BRUNHILD: Und dann kommt's wohl noch drauf an, wie vollständig wir in der Gegenwart aufgehen.

KARIN: Ach ja, ewiger Urlaub: in der Gegenwart aufgehen! Aufgehen – einmal im Sinne von sich öffnen und dann im Sinne von verschweben.

BRUNHILD: Ob wir uns in der Gegenwart eigentlich abhanden kommen?

KARIN: Ja, so verstehe ich's. Was abhanden kommt, ist das Ego. Davor hat das Ego aber Angst, weshalb es an allen

Identifikationen – inklusive Milchzähnchen – festhalten will.

BRUNHILD: Und die vorgestellte Egoauflösung erleben wir dann als Todesangst, obwohl das Ego nur ein lächerlicher Schrumpfzustand ist, der unseren Zugang zum Selbst verstopft. So?

KARIN: Ja, so.

BRUNHILD: Soll damit auch gesagt sein, dass das Selbst unsterblich ist?

KARIN: Zumindest ist im vollen Erleben der Gegenwart, also im vollen Durchbrechen des Selbsts, keine Todesangst. Und das kann ich wirklich aus eigener Erfahrung bestätigen. Wenn ich total im Jetzt, in der Fülle bin, dann fühle ich unsterblich oder ewig zu sein.

BRUNHILD: Aber das ist doch spekulativ.

KARIN: Klar, es ist spekulativ. Für das Denken ist es spekulativ, für die Erfahrung sieht's anders aus – da ist es real.

BRUNHILD: Damit liegt die Trumpfkarte wieder bei der Erfahrung und nicht beim Denken.

KARIN: Genau! Und Erfahrung heißt – wie würde es hier im Buch formuliert werden ...?

BRUNHILD: Vielleicht so: Sich seines Selbsts innewerden, indem wir im reinen, nicht wertenden Bewusstsein alle Egoschranken im vollen Erleben der Gegenwart aufgelöst finden.

KARIN: Also mir ist jetzt alles sonnenklar und wir können mit den Impulsen zum Ausstieg aus den Gedankendrehern weitermachen.

BRUNHILD: Gerne. Ich hab jetzt auch verstanden, dass sich das normale Leid vom selbst gestrickten Leid dadurch unterscheidet, dass wir es nicht mit zusätzlichen belastenden Gedanken und Emotionen füttern, wodurch wir uns gleichzeitig von uns und der Gegenwart entfernen. Gut, ich bin auf Stand. Wir können weitermachen.

## Der Körper als Gegenwartsanker

Über Körper und Sinne können wir uns gut mit der Gegenwart verbinden. Diese Verbindung demonstriert der Körper immer, wenn er in irgendeiner Form auftrumpft – sei es als Zahnschmerz oder Orgasmus. Ersterer ist nicht wünschbar, zweiterer kein Dauerzustand. Um also den Körper als kontinuierlichen Ankerplatz in der Gegenwart zu nutzen, brauchen wir andere Zugänge. Hierbei hilft uns die *bewusste Aufmerksamkeitslenkung*, die verschiedene Gegenwartszugänge akzentuiert. Jeder Bereich eignet sich als eigenständiger Zugang und darf ausreichend zum Zuge kommen. Alle Körper- und Sinnesanker beheimaten uns außerhalb unfreiwilliger Gedankendreher. Gehen wir zur Überprüfung dieser Behauptung zunächst folgende *Checkliste* durch:
Es ist unmöglich im Gedankenrädchen zu rotieren und *gleichzeitig*

- ➢ in gegenwartsbeschwingter Anbindung an Sinnenfreuden zu sein
- ➢ seinen Körper intensiv zu fühlen
- ➢ sich ganz und gar dem Moment hinzugeben
- ➢ in tiefem Frieden mit sich selbst zu sein
- ➢ sich kaputtzulachen
- ➢ ganz wach und bewusst in der Gegenwart zu sein.

Betrachten wir jetzt, welchen grandiosen Dienst uns der Körper als Gegenwartsanker und somit als Karussellausstiegshilfe leisten kann.

1. Wir verweilen ganz bewusst bei dem, was die Sinne uns gerade bieten:
   - ➢ Was höre ich jetzt?
   - ➢ Was sehe, rieche, schmecke, fühle ich gerade?
   - ➢ Was sagt mein thermischer Sinn?

Hilfreich mag es sein, sich nur auf einen Sinn zu konzentrieren und zu üben, ihn nicht selektiv, sondern umfassend zu erleben. Widmen Sie sich immer wieder ein paar Minuten den Sinnesempfindungen, um die Gegenwart voller zu spüren!

2. Zur sinnlichen Gegenwartsverankerung gehören natürlich alle sinnlichen Genüsse wie Massagen, Bäder, Liebesspiele, Tautreten, Dehn- und Streckübungen, Joggen, leckeres Essen – alles, was Sie besonders anmacht und Sie *freudig* im Körper verweilen lässt. Die bewusste Aufmerksamkeit richtet sich besonders auf das *freudige* Verweilen, damit Fehlgriffe, beispielsweise zehn Stückchen Torte sinnlich hinunterschlingen, vermieden werden ... Das Einplanen und Bedenken sinnlicher Genüsse gehört zu diesem Gegenwartszugang. Für manche ist es ein Genuss, barfuß zu laufen, was dann auf keinen Fall vergessen werden darf. Vielleicht ist es nützlich, sich mit Freunden über eine ganze Palette geeigneter Sinnesfreuden auszutauschen.

3. Wir atmen ganz bewusst, um uns mit dem Körper und der Gegenwart zu verbinden. Besonders wirkungsvoll ist das tiefe, vollständige Einatmen durch die Nase, gefolgt von einem verlangsamten Ausatmen. Da wir sowieso ständig atmen, lässt sich dieser Körperanker zur Gegenwartsinnewerdung immer wieder leicht einschieben – zumal er gut parallel zu anderen Aktivitäten laufen kann. Bis das bewusste Atmen zu einer Gewohnheit geworden ist, können Sie es beispielsweise *mnemotechnisch* an bestimmte Situationen koppeln: immer, wenn Ihr Sohn das Zimmer betritt, immer, wenn das Telefon klingelt, grundsätzlich, wenn Sie vor einer roten Ampel stehen oder wenn Ihre Partnerin unleidlich ist. Oder wenn Sie merken, vom normalen zum selbst gestrickten Leid über-

gewechselt zu sein. Vereinbaren Sie mit sich ein paar Situationen, die Sie zur vertieften Atmung nutzen wollen.

4. Ein subtilerer Zugang, der die bewusste Aufmerksamkeitslenkung noch mehr herausfordert, besteht darin, sich auf das Lebendigkeitsgefühl des Körpers zu konzentrieren. Also genau hinzuspüren, wie sich der Körper von innen *anfühlt*! Sie können zunächst mit einzelnen Körperteilen beginnen: Ich spüre meine rechte Hand von innen, die linke, die Arme, den Hals, den Kopf, den Oberkörper, die inneren Organe usw. Nehmen Sie alles präzise wahr und verweilen Sie bei dem Körpergefühl: Es mag ein Vibrieren, eine Wärme, das Gefühl einer feinen Energie sein. Das Ziel ist, mit dem Bewusstsein den Körper dauerhaft zu bewohnen, sich also ständig des Lebendigkeitsgefühls bewusst zu sein. Es soll kein Bewerten, kein Etikettieren stattfinden, weil das pure Verweilen beim jeweiligen Empfinden die beste Verbindung zur Gegenwart ist. Interessanterweise entsteht durch dieses Innewerden des Körpergefühls so etwas wie die Somatisierung von Freude – so, als könne sich jede Zelle des Körpers freuen. (Meine spekulative Begründung für dieses Phänomen vermutet, dass grundsätzlich ein Beglückungsgefühl entsteht, wenn sich eine evolutionär weiter entwickelte Struktur einer weniger weit entwickelten zuwendet. Im Beispiel wendet sich das Bewusstsein als die weiter entwickelte Struktur dem Körper als der weniger komplexen Struktur zu.)

5. Noch in anderer Hinsicht kann der Körper als großartiger Gegenwartsanker fungieren. Immer wenn's im Grunde zu spät ist, weil wir Opfer unserer verstrickten Emotionen sind, bietet der Körper einen Ausweg. Wir lenken unsere Aufmerksamkeit ganz bewusst darauf, wie sich

die Emotion *anfühlt*. Wir denken nicht über sie nach, nähren sie nicht, sondern bleiben ausschließlich beim körperlich spürbaren Empfindungsniederschlag der Emotion. Mit dieser Taktik ziehen wir zwei Erfolgsregister: Erstens entziehen wir der Emotion durch die bewusste Beobachtung Kraft und zweitens nutzen wir den Körper als Gegenwartsanker.

KARIN: Stell dir vor, Brunhild, Franz-Josef nervt dich grad mal wieder und du machst das ganze Körpergegenwartsankerübungspaket auf einmal.

BRUNHILD: Wahnsinn! Wie stellst du dir das genau vor?

KARIN: Also nehmen wir an, du wärest doch noch mal in die Emotion gerutscht, weil Franz-Josef was Blödes gesagt hat.

BRUNHILD: Ja, leider leicht vorstellbar. Beides: dass ich in die Emotion rutsche und dass er was Bekopptes sagt.

KARIN: In dem fatalen Augenblick übst du alles: Du *fühlst* die Emotion im Körper, du vertiefst und verlangsamst die Atmung, du konzentrierst dich auf die Sinneswahrnehmungen just in jenem Moment und du spürst das Lebendigkeitsgefühl deines Körpers ...

BRUNHILD: Und damit der sinnliche Genuss nicht zu kurz kommt, rufe ich Horst an und bitte ihn für eine einstündige Massage vorbeizukommen.

KARIN: Davon wäre Franz-Josef sicher nicht so begeistert, was den Vorteil hätte, dass dir die Trainingsanlässe nicht ausgingen.

BRUNHILD: Diese Gesamtpalette kommt mir so spannend vor, dass ich beinahe hoffe, bald mal wieder in die Privathölle meiner Emotionen abzufahren.

KARIN: Okay, ich komme mit.

**Es geht also darum,**

dem körperlichen Empfinden volle Aufmerksamkeit zu schenken, sich auch in der Hinsicht ganz auf sich einzulassen: also keine seelischen Klimmzüge, sondern sich nur dem Körper hingeben. *Fritz Perls* unterstreicht unseren Gedanken, sich voll auf das, was sowieso ist, zu besinnen, so:

»Wir sind alle mit der Idee der Veränderung beschäftigt, und die meisten gehen da heran, indem sie Programme machen. Sie wollen sich ändern. ›Ich sollte so sein‹ und so weiter. Was aber tatsächlich geschieht, ist, dass die Idee einer vorsätzlichen Änderung niemals, nie und nimmer, funktioniert. Sobald man sagt: ›Ich möchte mich ändern‹ – ein Programm aufstellt –, wird eine Gegenkraft in einem erzeugt, die von der Veränderung abhält. Änderungen finden von selbst statt. Wenn man tiefer in sich hineingeht, in das, was man ist, wenn man annimmt, was da vorhanden ist, dann ereignet sich der Wandel von selbst. Das ist das Paradoxe des Wandels.«[21]

Und wie könnten wir wollen, was ist?

**Ihre Antwort**

**Die Antwort der Meise**

»Ganz einfach: Ich will mein Wollen, mein Dasein, mein Sowieso und Überhaupt, mein An-Sich ohne dies und das, ohne Für-Sich, sondern die ganz Fülle des Wollens im Lebensstrom des Gewillten, falls das verständlich ist. Wenn nicht, dann zünden Sie Ihre Meise und sofort wendet sich das Wollen nach innen, anstatt an äußerem Einzelgewolle zu kleben. Das umfassende innere Wollen entlässt alles äußerlich Gewollte ins Anstrengungsfreie. So wird es zum Erfüllten. Gemütlich ist das! Und so schön!«

# Wenn unsere Hingabe zu Fest geworden ist,

dann jubeln unsere Gedanken befreit im Urlaubsparadies.

Hurra! Fröhlich fliegen die Meisen!
Und nicht nur die! Denn es ist
einerlei, ob wir eine Meise
oder einen Vogel haben.
Hauptsache rum-
flügeln, -trubeln im .........
des freien Kopfs.

## Ausstiegsimpuls »besinnliche Sinne«

Ich komme zu Sinnen im Genuss.

einem einzigen sinnlichen

.......... Nichts

## Sich voll in die Gegenwart werfen

Wenn wir mit voller Aufmerksamkeit bei dem sind, was wir gerade tun, oder bei dem, was in uns abläuft, unterbrechen wir belastende Gedanken garantiert. »Ich sauge gerade Staub.« »Jetzt spüre ich den Regen im Gesicht.« »Jetzt habe ich Herzklopfen.« »Jetzt steigt Ohnmacht in mir hoch: Ich fühle sie als Schwäche in den Schultern, Schwere im Brustraum ...« Der klassische Dreischritt lautet:

- wahrnehmen
- verweilen
- dranbleiben, auch Veränderungen wahrnehmen.

So gelingt die Lücke im Strom belastender Hirnkreiselei.

So steigen Sie wohlfühligst aus den Gedankendrehern: Verbinden Sie die volle Aufmerksamkeit, mit der Sie bei einer Sache sind, mit spürigster Hinfühlung zum Sinnenstoff, den der Augenblick gerade bietet.

Wer voll in der Gegenwart lebt, hat die faustische Verzweiflung hinter sich gelassen und kann locker das Verweilen des Augenblicks rühmen.

BRUNHILD hat KARIN zugehört, die soeben die nächste Ausstiegsstrategie vorgelesen hat.

BRUNHILD: Der entscheidende Punkt ist für mich, dass ich dadurch Chefin im eigenen Kopf werde und nicht mehr Opfer dieser unnötigen Hirnerei bin.

KARIN: Ja, schon, aber ich finde es auch ganz schön, wenn ich beim Staubsaugen noch an den Roman denke, den ich gerade lese.
BRUNHILD: Wenn du's *schön* findest, ist's ja freiwillig und nicht belastend.
KARIN: Ach klar, hab ich vergessen.
BRUNHILD: Wie unterbrichst du also deinen nächsten Fulvio-Dreher gemäß dieser Strategie?
KARIN: Ich lenke meine Aufmerksamkeit voll auf das, was ich gerade tue. Und wenn das nicht gelingt, beobachte ich die Emotion, die durch den Dreher heraufbeschworen wurde und halte bei dem körperlichen Niederschlag derselben inne. Also weg vom Fulvio-Inhalt und hin zur körperlichen Empfindung.
BRUNHILD: Und genau dadurch bist du dann in der realen Welt, anstatt in einer bloß vorgestellten zu sein.
KARIN: Wenn du sagst »*bloß* vorgestellten Welt«, dann ist doch das »bloß« eine herabsetzende Wertung. Kann ich nicht einfach sagen, eine vorgestellte Welt ist als real erlebte Vorstellung auch was Feines – mitunter vielleicht sogar besser als die reale Welt?
BRUNHILD: Die Wertung in die eine oder andere Richtung steht und fällt mit dem Freiwilligkeitsgrad. Wenn du dir eine herrliche Zukunftsvision machst von deinem Wohnwagen im Grünen, dann ist das was Feines, aber wenn du Fulvio ungewähltermaßen grad mal wieder im Straßengraben verbluten siehst, dann ist das doch nicht so prall.
KARIN: Stimmt. Das mit dem Freiwilligkeitsgrad habe ich wieder übersehen. Was ich mir freiwillig vorstelle, denke, träume, visioniere, beflügelt mich, ebnet mir Wege in die Zukunft oder verbindet mich mit der Gegenwart. Klar, aber was für eine Funktion haben meine unfreiwilligen Fulvio-Runden? Wo kommen die her? Was ist deren Sinn?
BRUNHILD: Ich glaube, die kommen aus einem unerledigten Schmerz. Einmal dem jeweils aktuellen und dahinter sind

vielleicht noch tausend andere Verlassenwordenseinskümmernisse.

KARIN: Das ist sicher so. Aber was ist ihr Sinn, ihre Funktion?

BRUNHILD: Da gibt's nur zwei Möglichkeiten: entweder das Schicksal will dir nur einen Horrortrip servieren oder dir ein Signal geben, damit du in die Puschen kommst und was machst.

KARIN: Und »was machen« wäre, aus der Opferhaltung rausgehen und, ohne zu verdrängen, in die souveräne Haltung überzuwechseln, wie's hier in dem Buch beschrieben wird.

BRUNHILD: So seh ich's auch.

**Es geht also darum,**

sich klarzumachen, inwiefern wir uns mit Vorstellungen die Gegenwart zu- und verstellen können. Da steht dann vor dem unmittelbaren Erleben noch eine Vor-Stellung davor. Sie versperrt, um mit *Martin Heidegger* zu sprechen, die schrankenlose Weite des Bewusstseins:

»Die Beschränkung innerhalb des Schrankenlosen ist im menschlichen Vorstellen erstellt ... Als der Vor- und Herstellende steht [der Mensch] vor dem verstellten Offenen.«[22]

Die Frage ist: Durch welche Vorstellung verstellen wir uns das Offene einer im Grunde immer zugänglichen Gegenwart und Fülle?

**Ihre Antwort**

## Die Antwort der Meise

»Hierzu hab ich mich schon geäußert. Zusammengefasst ist es in der Meisigkeit so: Sie belebt und beflügelt uns so schnell, dass sich unfreiwillige, bedrückende Gedanken gar nicht aufbauen können. Spaß und Freude sind einfach attraktiver als Rechthaberei, als die fleißigste Logik, als alle guten Gründe. Meisität ist pure Lebensfreude!«

Wenn wir vom Kreisel wechseln,

dann befreien wir den Geist.

Ausstiegsimpuls »Gedankengefühl«

Ich spüre genau, wie sich emotionsgeladene Kreisgedanken körperlich niederschlagen.

# gedanken zum Körper

Sobald sich Gedanken drehen und drehen,
brauchen wir eine Schneise! Da kommt
sie geschlichen: die Meise und leise,
leise beginnt sie, sich einzuspielen,
bis die Gedanken gewichen
im frischen Wind –
wieder wie ein
Kind in den
Sinnen
sein
!

**Und was bietet**
***dieser* Augenblick?**

## Anstrengung verstehen

Für unser Gegenwartstraining ist es nützlich, den Begriff der Anstrengung zu differenzieren, um gezielter beobachten zu können, ob und wie anstrengend unser Leben ist. Manches strengt an, macht aber gleichzeitig Spaß und geht leicht. Hinterher fühlen wir uns nicht ausgepowert, sondern erfüllt. Anderes wiederum strengt an und geht schwer und hinterher sind wir k.o. Werner beispielsweise kommt nach einem anstrengenden Tag aus dem Büro und ist erledigt, obwohl er eigentlich gar nicht viel gemacht hat. Heidi hat mit Spaß den ganzen Tag schwierige Aufgaben erledigt, was auch anstrengend war; trotzdem tanzt sie abends noch auf dem Tisch. Von innen betrachtet erklärt sich das unterschiedliche Erleben der Anstrengung durch die Begleitgefühle: Werner hat im Gegensatz zu Heidi keine innere Motivation für seine Arbeit. Er macht sie halt, weil man Geld verdienen muss, weil er sonst keine Möglichkeiten für sich sieht, weil der Job sicher ist usw. Wenn wir scharf hinsehen, offenbaren die Gründe, mit denen wir uns an erschöpfende Anstrengungen binden, immer irgendwelche Werte und Hypotheken, die wir aus der Vergangenheit mitbringen und auf die Zukunft projizieren. Anders formuliert: Jede Anstrengung, die unsere Lebensfreude und Energie beeinträchtigt, ist Auswurf unserer Vergangenheit und ballert uns damit die Gegenwart zu. Eine zugeballerte Gegenwart hat leider den gemeinen Nebeneffekt, unser klares, friedliches Bewusstsein allzu leicht mit Gedankenmüll zu verschmutzen. Deshalb lohnt es sich, müllträchtige Anstrengungen loszulassen. Gehen wir systematisch vor!

Steigen Sie ein, indem Sie zunächst Ihr aktuelles Leben unter diesem Aspekt gedanklich durchkämmen, um herauszufinden,

- wo freudlose Anstrengung waltet,
- welche Vergangenheitsansprüche oder -traumen sich dahinter verbergen,
- wie gänzlich anders sich die belebende Anstrengung anfühlt.

Im Fortgang ließe sich der Erfolg besiegeln, wenn Sie gänzlich von der freudlosen zur belebenden Anstrengung überwechseln könnten.

Zur Einleitung dieses Prozesses hier ein paar *Selbsterforschungsfragen*:

- Was strengt mich ungut an, das heißt, was erschöpft mich, nervt mich, verdirbt mir die Laune, übt Druck auf mich aus?
- Was mache ich widerwillig?
- Warum glaube ich, das alles dennoch tun zu müssen?
- Was passierte, wenn ich's nicht machte?
- Ist das, was dann passiert, wirklich so katastrophal – verglichen mit meinem Lebensunmut?
- Gibt es wirklich keine Alternative zu dem, was ich meine, machen zu müssen?
- Wenn ich glaube, dass es keine Alternative gibt, noch die Zusatzfrage, ob andere Menschen das auch so sehen?
- Welche Glaubenssätze und Werte verbergen sich hinter meinem Festhalten am unerwünscht Anstrengenden?
- Sind diese Überzeugungen wirklich so wahr, dass ich ihnen erlauben will, meine Lebensfreude und Energie zu schmälern?

Zur Fortsetzung des Prozesses noch einige *Umsteigfragen*:

- Wie könnte ich mich total begeistern für das, was ich tue?
- Wie könnte ich lieben, was ich tue?

- Was verhindert, dass ich mit Herz und Seele bei der Sache bin? Wie könnte ich das ändern?
- Wie könnte ich mit Herz und Seele bei mir selbst sein?
- Wie lebte ich, wenn ich nur machte, wozu ich Lust habe?

Wer sich nur noch gut anstrengt, weiß, dass alles viel schöner ist, als seine Vergangenheit ihn als wahr glauben lassen wollte. Von wegen: Zu schön, um wahr zu sein! Die Korrektur verbessert so: »Zu mies, um wahr sein zu dürfen!«

KARIN und BRUNHILD sitzen auf einem ins Meer gebauten Steg und Karin hat gerade den Abschnitt »Anstrengung verstehen« vorgelesen.

BRUNHILD: Wenn wir diese Übung gründlich machen, sind wir für den Rest des Urlaubs beschäftigt. Und dann alles rausfeuern, was ungut anstrengt! Reizvoll ist es!
KARIN: Bei dem Rausfeuern würde ich mal mit dem anfangen, was leicht geht.
BRUNHILD: Was leicht geht! Das ist sicher bereits im Sinne der Sache.
KARIN: Und durch den Erfolg dessen, was leicht geht, wachsen einem dann auch Kräfte zu für das, was nicht so leicht scheint.
BRUNHILD: Im Grunde ändert sich dann das ganze Leben.
KARIN: Wird auch Zeit! Willst du mal erzählen, wo du bei dir die Energie zockende Anstrengung feststellst?
BRUNHILD: Ich zähle dir ein paar Punkte auf. Wenn ich genau schaue, habe ich so einen blöden Verpflichtungszwang, der mich einengt und zu Tätigkeiten treibt, die mich platt machen. Ganz banales Zeug: Der Rasen muss soundso kurz sein, die Bude muss aufgeräumt sein, das Leitungswasser muss gefiltert werden, die Post muss innerhalb von einer

Woche erledigt werden, Rechnungen müssen möglichst am selben Tag bezahlt werden, das Auto soll über Nacht in der Garage stehen, die Rollläden müssen bei Einbruch der Dunkelheit runter ... Mensch, Karin, wenn ich dir das nur aufzähle, wird mir irgendwie schlecht und ich gehe mir selbst auf den Geist.

KARIN: Mir wird beinahe auch schlecht. Was stecken denn für Werte oder Überzeugungen dahinter?

BRUNHILD: Im Endeffekt hat's wohl mit gutem Eindruck machen und geliebt werden zu tun.

KARIN: Und erreichst du mit deinem inneren Pflichtterror dieses Ziel?

BRUNHILD: Teilweise vielleicht, teilweise aber auch gar nicht. Denn wenn ich mich abschufte, bin ich am Abend ungenießbar und deshalb das glatte Gegenteil von liebenswert. Der Preis ist zu hoch, den ich aufgrund dieser hohlen Überzeugungen und Werte zahle ...

KARIN: Wir haben einiges zu reformieren. Also los!

BRUNHILD: Lass uns Listen machen. Wir schreiben auf, was die unguten Anstrengungen sind und wie die Alternativen aussehen.

KARIN: Manchmal wird die Alternative im ersatzlosen Streichen bestehen.

BRUNHILD: Das glaube ich auch.

Was sind die erschöpfenden Anstrengungen in meinem Leben?

1. ______
2. ______
3. ______
4. ______
5. ______

Welche Alternativen könnte ich umsetzen?

1.

2.

3.

4.

5.

**Es geht also darum,**

zum einen das eigene Leben viel mehr selbst zu gestalten, zum andern aber auch darum, sich am Ende der eigenen Handlungsspielräume hinzugeben. In welchem Ausmaß wir dadurch unser Schicksal in den Griff bekommen, sei offen gelassen. *Rilke* nimmt eine extreme Position ein, wenn er schreibt:

»Man hat schon so viele Bewegungs-Begriffe umdenken müssen, man wird auch allmählich erkennen lernen, dass das, was wir Schicksal nennen, aus den Menschen heraustritt, nicht von außen her in sie hinein.«[23]

Trotzdem fragen wir: Was könnte ich umdenken, um ein besseres Schicksal aus mir heraustreten zu lassen?

**Ihre Antwort**

**Die Antwort der Meise**

»Mein Wunsch zu verbessern, zu verändern, anderes Schicksal zu erwirken bezieht sich nur auf die Pflege meiner Meisität. Wenn ich ganz Meise, ganz ich selbst bin, dann bin ich mit allem zufrieden. Dann tritt auch das beste Schicksal aus mir heraus. Und wie bin ich, wenn ich ich selbst bin? Was ist Meisität? Das ist ganz einfach: Ich bin dann schnörkelfrei, authentisch, offen, unverstrickt, habe einen freien Kopf und sehe die Komik sich verhakelnder Anstrengungen. Weil ich so leicht und froh bin, mache ich natürlich auch viel Quatsch. Daher kommt der bissig gesprochene Vorwurf, jemand habe eine Meise. Es wäre so schön, wenn mich alle hätten oder eben sich hätten, aber ach – zu oft: kein Platz für Meise.«

## Wenn die strenge An strapaziert,

dann sei Begeisterung probiert.

### Ausstiegsimpuls »erleichtert«

»Streng dich doch mal an!«
ersetzen durch:
»Mach's dir einfach leicht!«

# strengung den Kreisel

Pflicht, Druck, Leistung, mehr, schneller
dreh, dreh; Meise traurig im Keller.
Ach würd es doch heller auch
ohne Koller einfach so immer
doller und voller im
fröhlichen
Meisen-
f
l
u
g
!

**Wo eine Anstrengung ist,
da ist kein Weg.**

## Die Oberfläche durchdringen

Gehen wir einfach mal von der Annahme aus, dass der Wilbersche Satz, das Innen der Dinge sei Bewusstsein und das Außen der Dinge sei Form, auf eine Wahrheit hinweist. Introspektiv lässt sich diese These als wahr bestätigen. Schaue ich in den Spiegel, sehe ich meine Form, schaue ich in mich hinein, bin ich mir als Bewusstsein gegeben. Ob sich dieser Sachverhalt auch auf meinen Hund, auf Gänseblümchen oder Steine übertragen lässt, mag spekulativ sein. Die Grenzgebiete der Physik legen jedoch nahe, dass das Urprinzip aller Erscheinungen nicht materieller Art, sondern eher eine evolutionäre Richtkraft, ein Geistprinzip, Bewusstsein oder auch das alles durchdringende, enthaltende, hervorbringende Sein ist.
Die Herausforderung besteht nun darin, sich von der Form der Erscheinungen der Dinge nicht mehr in der Wahrnehmung aufhalten zu lassen, sondern durch besonders gespitzten Einsatz der Sinne hinter, unter, durch die Form zu dringen. So als könnten wir das Wesentliche, das Sein wirklich sehen. Besonders mag das beim Blickkontakt gelingen. Wir tun so, als könnten wir durch das Ego hindurch auf das Selbst eines Menschen schauen. Oder beim Hören versuchen wir auf die Stille hinter jedem Klang und Geräusch zu lauschen. Noch befriedigender und dichter an uns dran mag es sein, wenn wir auf das hinspüren, was wir hinter unseren Gedanken und Emotionen sind. Die Vollendung gelingt, wenn wir bei dem Dahinter verweilen können.

Mit folgenden, die Oberfläche durchdringenden *Besinnungsfragen* können Sie einsteigen:

- Was ist die Innenseite von x, y, z?
- Was würde der Baum, x, y, z jetzt sagen, wenn er sprechen könnte?
- Wie fühlte ich mich von innen, wenn ich der Baum, x, y, z wäre?
- Was ist das Wesentliche?
- Welche Essenz spüre (nicht denke!) ich hinter oder in meiner äußeren Lebenssituation?
- Was soll das Ganze?
- Erkenne ich einen Sinnfaden in den äußeren Stürmen meines Lebens? Wenn ja, wie fühlt er sich an? Wie fühlt es sich an, bei diesem Sinnfaden zu verweilen?
- Wer bin ich außerhalb all meiner Erfahrungen?
- Was ist der Unterschied im Gegenwartserleben, wenn ich mit ganzer, sinnlicher Aufmerksamkeit ein Stück Torte esse und wenn ich mich sinnlichst auf die Innenseite des Lebens einlasse?

BRUNHILD: Du Karin, ist das jetzt noch real oder doch schon ein bisschen abgehoben?
KARIN: Da fragste was! So ganz neben der Spur kommt's mir nicht vor. Ich kann mit den Fragen schon was anfangen. Wenn ich mich drauf einlasse, habe ich das Gefühl, noch tiefer in etwas einzudringen, ohne dass ich genau sagen könnte, was.
BRUNHILD: Das geht mir auch so. Aber der eine Satz, wo's drum geht, durchs Ego durch und aufs Selbst zu schauen, da hab ich ein Unbehagen. Ich muss da an meine Nachbarin und deren Mann denken. Also der Mann, Otto, ist einfach nicht der Brüller. Beziehungsweise er ist ein Brüller: schreit rum, motzt, säuft, macht seiner Frau das Leben schwer.
KARIN: So was kommt vor.

BRUNHILD: Das, worauf ich hinauswill, ist, dass seine Frau ständig sagt: »Aber er hat ein gutes Herz!« Schikane ohne Ende und dann die Durchhalteparolen beim Blick aufs angeblich gute Herz.
KARIN: Nanu, sitzt du grad im Emo-Express?
BRUNHILD: Jawohl, total verstrickt, Objektivität und Klarblick haben sich verabschiedet!
KARIN: So geht's. Und das Loblied deiner Nachbarin auf Ottos gutes Herz hat natürlich nichts mit der hier vorgeschlagenen Selbstsichtung hinter aller Egoverstrickung zu tun.
BRUNHILD: Das bedeutet also auch, dass in der Verstricktheit keine objektiven Einschätzungen möglich sind.
KARIN: Allerdings! Und gute Nacht! Wir haben zu tun!

Wenn sich Innenseite mit Innenseite verbindet, verunendlichfacht sich der Platz auf der Welt, die Zeit steht still ...

**Es geht also darum,**

einen Erkenntnisraum jenseits der üblichen Wahrnehmung einzuladen. Auf dass erlebbar wird, was *Schopenhauer* beschreibt:

»Er blickt nun ruhig und lächelnd zurück auf die Gaukelbilder dieser Welt, die einst auch sein Gemüt zu bewegen und zu peinigen vermochten, die aber jetzt so gleichgültig vor ihm stehen wie die Schachfiguren nach geendigtem Spiel oder wie am Morgen die abgeworfenen Maskenkleider, deren Gestalt uns in der Faschingsnacht neckten und beunruhigten. Das Leben und seine Gestalten schweben noch vor ihm wie eine flüchtige Erscheinung, wie dem Halberwachten ein leichter Morgentraum, durch den schon die Wirklichkeit durchschimmert, und der nicht mehr täuschen kann.«[24]

Kennen Sie das?

## Ihre Antwort

## Die Antwort der Meise

»Schopenhauer spricht mir aus dem Herzen. Teilweise jedenfalls; ich fühle mich nicht über Gaukelbilder erhaben, sondern falle einfach nicht auf sie rein, bin gut drauf, genieße das Leben. Fast könnte ich sogar sagen: Ich bin das Leben.«

Wenn wir auf die Erschei
den Anschein nicht mehr

fallen, haben wir ausgekreiselt.

## Ausstiegsimpuls »das Eine im Vielen«

Ich wage die Tiefe,
die Innenseite des Lebens.

nung, Oberfläche,
herein-

Wenn Bewusstsein bewusstes
Sein ist
und wenn das Sein einfach nur *ist*,
was ist dann?

## Das spürigste Tempo finden

Je wacher und bewusster wir sind, umso leichter bringen wir das Gedankenkarussell zum Stillstand. Daher gehen wir verschiedene Wege, um unsere Wachheit und Bewusstheit zu erhöhen. Immer wieder gelingt dies durch das Errichten einer zusätzlichen Wahrnehmungsebene. Sie verhilft uns dazu, nicht einfach so vor uns hinzuwursteln, also gemäß unserer Konditionierungen, Wiederholungszwänge und Macken zu funktionieren, sondern stattdessen unser Leben bewusst zu gestalten. Ähnlich hilfreich sind Fragen, mit denen wir automatische Abläufe durchbrechen. Fragen sind wie Bewusstheit weckende Weichenstellhilfen, denn sie bewirken, dass wir neu oder überhaupt über etwas nachdenken, wodurch ein Verhaltensspielraum entsteht, den wir im »normalen« Wahnsinn des Funktionierens meist verpassen. Anhand der folgenden Fragen können Sie deren Bewusstheit weckende Stachelwirkung überprüfen:

- Was täte mir jetzt gut?
- Will ich, was ich gerade tue, wirklich tun?
- Wodurch käme ich bei dem, was ich vorhabe, besonders gut voran?
- Was exakt ist das Ziel dieser Unternehmung?
- Wie lebte ich, wenn ich ganz frei wäre?

Jedesmal, wenn wir unbewusste Abläufe durch unsere Wachheit einem Richtungswechsel oder einem Feinschliff unterwerfen, sind wir anwesend in unserem Leben, was zugleich die Abwesenheit mentaler Zwangsrunden gewährt. Da *alles*, was wir tun – essen, gehen, sprechen, arbeiten – in irgendeinem Tempo geschieht, tut sich hier wieder die tolle Gelegenheit auf, einen Daueranker für unsere Bewusstheit auszuwerfen. Je hektischer wir sind, umso sicherer verpassen wir die Gegenwart. Ziel ist jedoch nicht, unseren Lebensvollzug derart zu verlangsamen, dass wir zur Schnecke mutieren. Wichtig ist, das jeweils spürigste Tempo in den verschiedensten Situationen zu finden, um im eigenen Tempo zu leben und auf diese Weise den inneren Antreibern und Trödelsaboteuren das Handwerk zu legen. Das zuträglichste Tempo ist das, bei dem wir am meisten spüren. Diese Strategie lässt sich, wie viele andere, gut für die Intensivierung von Liebesspielen nutzen; ist aber für alle Aktivitäten von vertiefender Wirkung. Es ist ein reiner Genuss, Tempospürtage einzulegen. Das sinnliche Erleben blüht in der Langsamkeit meist mehr auf. Je mehr wir spüren, umso mehr sind wir in der Gegenwart. Das Verlangsamen – aber auch das Beschleunigen – können wir ganz konkret über unseren Körper verdichten. So nutzen wir wieder den Körper als Vehikel, um uns des gegenwärtigen Augenblicks und damit unserer selbst noch bewusster zu werden.

Und so steigen Sie ein. Fragen Sie sich:

➢ Bei welchem Tempo spüre, fühle, schmecke, genieße, erlebe ich am meisten?
➢ Welches Tempo ist in dieser Angelegenheit *jetzt* für mich das befriedigendste?

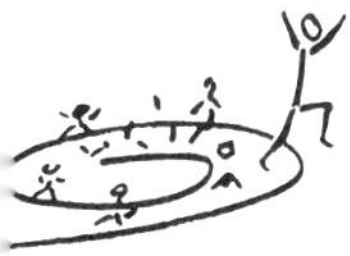

Wer im spürigsten Tempo ist, lebt intensiver.

BRUNHILD und KARIN sprechen auf einer Strandwanderung über dieses Thema.

BRUNHILD: Ich will grad mal wiederholen: Mit dem Körper Verlangsamung machen und dadurch nicht an der Gegenwart vorbeirasen – das verstehe ich, aber wieso können wir dadurch uns selbst bewusster erleben?

KARIN: Weil wir nur in der Gegenwart wirklich vorkommen und weil wir zu uns hinspüren müssen, um das richtigste, also das gefühlsintensivste Tempo herauszufinden.
BRUNHILD: Okay. Setzen wir diesen Gegenwartszubringer einmal um. Lass uns herausfinden, was für uns jeweils das stimmigste Gehtempo ist. Erst du, dann ich.
*(Sie bleiben einen Moment stehen. Karin fühlt in sich hinein und geht dann etwas langsamer und gemächlicher als vorher weiter.)*
KARIN: Das ist, glaub ich, grad mein bestes Tempo. Noch besser fühle ich's mit geschlossenen Augen.
BRUNHILD: Gut, mach die Augen zu, ich passe auf, dass du nicht in eine Qualle trampelst.
KARIN: Reizend von dir, Bruni!

**Es geht also darum,**

das Rasen der Zeit dadurch aufzuheben, dass wir uns nicht mit mehr Reizen überfluten, als Verstand, Seele und Körper verarbeiten können. Durch das richtige Tempo koordinieren wir uns mit der Zeit. Ein *chinesisches Sprichwort* beschreibt den Effekt:
»Einen Tag ungestört in Muße zu verleben heißt, einen Tag lang ein Unsterblicher zu sein.«
Ist doch nett, wie leicht der Unsterblichkeitstrick ist, oder?

**Ihre Antwort**

### Die Antwort der Meise

»Für mich ist das kein *Trick*. Ich lebe so synchron mit der Zeit und mit mir, also derart im richtigen Tempo, dass mir die Zeit weder davonläuft, noch mir zu lang wird. Ich bemerke die Zeit nicht. Alles ist Muße, Spontaneität, Begeisterung und sinniger Unsinn zugleich. Ich gehe in meinem erfüllten Lebensgefühl auf – oder unter. Mein Ich, das vom Hämmerchen der Vergänglichkeit und von der Sterblichkeit gepackt würde, verschwindet also. Und genau deshalb fühle ›ich‹ unsterblich zu sein.«

# Wer sich abhetzt oder ist im Dauerkreisel ...

## Ausstiegsimpuls »sich ergeben«

Im Ergeben und im Erliegen ergibt sich mein richtiges Tempo.

verzettelt,

Trödel nicht rum! Mach schon!
Hopp, hopp! *Ohne Fleiß*
– das weiß die Meise –
gewinnen wir sie
leichter die
Preise.
Ach
so
!

**Wie lebte ich,**
**wenn meine Zeit, mein Leben,**
**ganz allein mir gehörte?**

## Die Kraft der Gegenwart spüren

Nehmen wir einmal an, wir würden die Vergangenheit nur noch dann zücken, wenn wir sie unbedingt für die Gegenwart brauchten. Nur dann tauchte sie in unserem Kopf auf. In der übrigen Zeit wären wir locker, unverstrickt, frei von alten seelischen Nöten, in der Gegenwart – also einfach nie mehr im Karussell unfreiwilliger Gedanken.

BRUNHILD: Das wäre allerdings attraktiv! Aber schaffen wir das?
KARIN: Ich glaube, dies ist eine Art Zusammenfassung. Ich lese einfach mal weiter.

Zusammenfassend hier noch einmal *Konkretisierungssteigbügel*:
Um die Kraft der Gegenwart spüren zu können, um uns so vor unseren Gedankendrehern zu bewahren, müssen wir ein Dranbleibmittel haben. Das ist natürlich unsere Wachheit, die bis zu ihrer kontinuierlichen Anwesenheit durch eine gewisse Lenkung gut bei der Stange gehalten werden kann.

Sie steigen ein, indem Sie zunächst die beiden folgenden grundlegenden Wachheitslenkkategorien unterscheiden und sie dann geschmeidig in Ihr Leben integrieren.

*1. Kategorie:*
»Was jetzt sowieso ist«: Wir stellen fest, was jetzt gerade ist, was uns die Sinne liefern, was uns unser Gespür mitteilt, welche Gedanken der Geist liefert. Wir betrachten all das einfach so – ohne zu urteilen. Falls wir doch urteilen, können wir wiederum das Urteilen betrachten.
Wenn die Gegenwart gerade das Hochschwappen irgendei-

nes vergangenen Leids liefert, dann ist es nicht besonders heilsam, sich gedanklich in jene vergangene Zeit zu bohren. Die Aufmerksamkeit sollte nicht der Vergangenheit selbst gelten, sondern nur dem, was sie in uns an Emotionen, Reaktionen, Gedanken, Stimmungen, Ängsten und Wünschen *gerade jetzt* hervorbringt. Wenn es uns nämlich gelingt, gegenwärtige Befindlichkeiten weder kritisch noch analytisch, sondern einfach aus einem nicht urteilenden Abstand heraus wahrzunehmen, dann lösen wir genau durch diese gegenwartsorientierte Betrachtung den Vergangenheitsschrott auf.

*2. Kategorie:*
»Was tiefe Verbindung mit der Gegenwart verspricht«: Wir geben Engagement und Wachheit in Aktivitäten, die uns in die Gegenwart ziehen. Konkret:

➢ sinnlicher Genuss
➢ geistiger Genuss: philosophieren und Quatsch machen
➢ seelischer Genuss:
  – Aufgehen in der Kunst
  – Aufgehen im kreativen, begeisterten Schaffen
  – Aufgehen im Lieben

Es sind im Grunde nur diese zwei Bewegungen, mit denen wir uns der Gegenwart überlassen können. Die erste Bewegung geht einfach mit und die zweite ist aktiver; sie setzt einen größeren inneren Spielraum voraus.

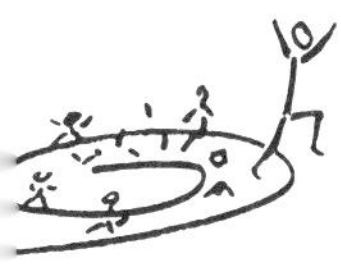

Wer die Kraft der Gegenwart spürt, hat ausgesorgt.

Das Meer ist ruhig und BRUNHILD und Karin treiben auf Schwimmringen sitzend im Meer. Brunhild richtet sich faulenzerisch in die Sonne blinzelnd ein wenig auf.

BRUNHILD: Mensch, Karin, ich finde uns richtig klasse! Wenn ich die letzte Strategie bedenke, muss ich uns auf die Schultern klopfen. Der sinnliche Genuss ist einfach spitzenmäßig abgedeckt. Allein jetzt gerade hier.
KARIN: Ja, wie wahr!
BRUNHILD: Und unser geistiger Austausch tut mir auch so gut. Ist einfach ein Genuss im Vergleich zu dem üblichen Bla, Bla.
KARIN: Da fällt mir grad ein Gedicht ein. Es ist von einem Walter Vogt und ich hab's in der *Zeit* gelesen.
BRUNHILD: Sag's mal auf.
KARIN: Zum Glück kann ich's auswendig. Pass auf!
*Die drei Lebensalter des Menschen*
da da
bla bla
ga ga
BRUNHILD: Toll! Wir machen also gerade was Besseres mit der Bla-Bla-Phase.
KARIN: Quatsch machen ist wirklich ein geistiger Genuss, aber auch ein seelischer und irgendwie wegen des Lachens sogar ein sinnlicher. Womit wir allein durch diesen Aspekt alle drei Bereiche abgedeckt hätten.
BRUNHILD: Wobei ich betonen möchte, dass sich meine Qualifikationshymne auf uns nicht primär an dieser letzten Strategie orientiert, sondern schlicht an meinem Wohlbefinden.

## Es geht also darum,

dass es um nichts geht. Denn mit oder ohne Veränderung ist ja doch alles, wie es ist. *Gertrude Stein* sagt es so: »Das einzige was Identität möglich macht ist keine Veränderung aber nichtsdestoweniger gibt es keine Identität niemand glaubt wirklich genau der zu sein an den er sich erinnert.«[25]

Wenn wir doch nicht genau die sind, an die wir uns erinnern, die Identität vielleicht genau darin besteht, sie nicht zu haben, dann bleibt nur noch die Frage, womit wir dann identisch sind ...

**Was meinen Sie?**

**Was sagt die Meise?**
»Ich bin mit nichts identisch und deshalb mit allem.«

# Wenn das Mittelbare das

fließt uns die Kraft der Gegenwart
nicht zu.

## Ausstiegsimpuls »entkreiselt«

Ich gehe im Unmittelbaren auf ...

# Unmittelbare zukreiselt ...

Nicht vergessen, alles zu bedenken,
dann ist mehr bedacht als gelacht
– und was hat's gebracht?
Zu wenig, weil das
wirklich zu Be-
denkende doch
nur vom Frei-
flug der
Meise
lebt.
Ja
!

**Vollsinniges Genießen
ist eine vertrauensbildende
Maßnahme.**

# Abgesang: Dranbleiben

Erfolg entsteht nicht durch viel tun,
sondern durch das Richtige tun.

BARBARA BERCKHAN

Und jetzt? Das Buch ist fast zu Ende gelesen, Brunhilds und Karins Urlaub bald vorbei.
Vielleicht ist es am besten, wenn Sie jetzt entscheiden, ob und wie Sie dranbleiben möchten. Sie haben viele Möglichkeiten und Sie können jede Entscheidung durch eine nächste, neue modifizieren.

## Ob Sie weiter dranbleiben wollen

Sprechen wir noch über die Vor- und Nachteile. Die Vorteile liegen inzwischen offen da: keine Fremdbestimmung mehr durch peinigende oder auch einfach nur lästige Gedankendreher, stattdessen mehr Lebensfreude, mehr Genuss, volleres Erleben, mehr Kontakt zu sich und deshalb zu anderen, mehr Energie, mehr Spontaneität, Begeisterung und Inspiration, mehr Freiheit und Unabhängigkeit, im äußersten Erfolgsfall sogar ein Unsterblichkeitsbewusstsein und ein Gefühl des Verbundenseins mit allem. Diese Liste ließe sich erheblich erweitern, denn die Annäherung an unsere besten Möglichkeiten, unser Selbst oder die nächste evolutionäre Entwicklungsstufe umfasst alle Lebensbereiche. Ein weiterer Vorteil ist, dass Sie sekündlich ihre Erfolge einsacken können.
Die Nachteile sind meiner Erfahrung nach nur vordergründig und meist Bremsgedanken aus dem veränderungs-

scheuen Ego. Dessen Text ist: »Was soll der Quatsch, das ist viel zu anstrengend. Am Ende hebst du völlig ab und dann stehst du ganz allein da.« Natürlich gibt es mit *jeder* neuen Schwerpunktsetzung im Leben Verschiebungen im Freundeskreis: Einige ziehen mit, andere lassen's bleiben, neue kommen hinzu.

Jens Peter Jacobsen beschreibt den »Preis« für das eigene Wachstum in seinem von mir sehr geschätzten Roman *Niels Lyhne* so:

»... was fertig war, das war auch schon verworfen, er war ja darüber hinausgewachsen während der Arbeit, es wurde nur zu Stufen, die zu einem ständig zurückweichenden Ziele emporführten; Stufe auf Stufe zurückgelegte Wege, die bereits vergessen waren, während sie noch von seinen Schritten widerhallten. Aber indem er nun von neuen Kräften und neuen Gedanken zu größerer Reife und weiteren Gesichtspunkten emporgetragen ward, da wurde er auch immer einsamer, weil ihm von seinen Freunden und Gesinnungsgenossen einer nach dem andern entglitt und fortblieb.«[26]

Trotz allem bleibt, dass der vertiefte, eigentliche Kontakt, der aufgrund des neuen Bewusstseins möglich ist, viel befriedigender und erfüllender ist als alle vorherigen Kontakte. Deshalb ist das Wegbrechen oberflächlicherer Begegnungen kein tief greifender Verlust.

Ein riesiger Nachteil entstünde allerdings, wenn Sie aus den Impulsen zum Ausstieg aus dem Gedankenkarussell ein Leistungsprogramm machten und Ihr innerer Schweinehund dadurch gigantische Ausmaße annähme. Dem sei durch die geeignete Vorgehensweise vorgebeugt.

### Wie Sie dranbleiben können

Als Grundhaltung ist es beflügelnd, wenn Sie davon ausgehen, Sie hätten alle Ziele bereits erreicht. Das stimmt ja auch in gewisser Weise, denn Sie haben alles – in wie kleinen oder großen Ausschnitten auch immer – bereits erlebt, wovon hier die Rede ist. Also das Ziel ist erreicht, und Sie üben noch weiter. Spüren Sie den Unterschied folgender Sätze:

*Ich bin jemand, der übt,*
*Koch beziehungsweise klug zu werden.*

oder:

*Ich bin ein Koch, der übt.*
*Ich bin eine Kluge, die übt.*

**Abschließend ein paar Dranbleibimpulse**

- Sie können die Trainingshinweise nach Ihrem Geschmack in Ihren Alltag integrieren und sich einer bestimmten Strategie über einen gewissen Zeitraum bevorzugt widmen:
- pro Tag/Woche/Monat/Urlaub eine Strategie
- mehrere Strategien langsam steigernd einbauen.
- Sie können sich die zweiundzwanzig Wege allein oder mit anderen vorknöpfen.
- Sie können in einer Gruppe – nicht Kaffee-, sondern Trainingskränzchen – regel- oder unregelmäßig dranbleiben.
- Sie können sich ein Dranbleibbuch im Stil eines Tagebuchs anlegen, wo Sie die hier aufgeführten Fragen beantworten und Ihre Erfahrungen eintragen.
- Sie können Seminare besuchen, um mit Gleichzielenden noch leichter die Erfolge einzufahren und sich auszutauschen.
- Sie können auch alle aufgeführten Hinweise zugleich und noch hundert mehr vertiefen.
- Sie können auflisten, in welchen Situationen Sie verlässlich Ihr Gedankenkarussell anwerfen:
- immer, wenn die Schwiegermutter Ihre Küche mit erzieherischer Vehemenz aufräumt,

- ➢ wenn Ihre Partnerin die Katze aussperrt,
- ➢ oder wenn Sie tonnenweise Werbefaxe erhalten.
- ➢ Oder Sie sagen sich, das Buch gelesen zu haben, war schon die Erreichung aller Ziele. Jetzt soll's einfach im Stillen weiterwirken ...

Sodann entscheiden Sie, welche Strategien Sie für Ihre Dauerbrennersituationen anwenden wollen.

Wie immer Sie sich entscheiden, was immer Sie tun oder nicht tun, ich wünsche Ihnen viel Erfolg und ein glückliches Leben!

# Zusammenfassung der Ausstiegsimpulse

## Bewusstsein oder Gedanken

| Ausstiegsimpulse | Seite | Kurzerläuterung |
|---|---|---|
| **1. Die Stimme im eigenen Kopf wahrnehmen** | 31 | Durch das bewusste Wahrnehmen der eigenen Gedanken gelangen wir auf eine Metaebene und sind weniger mit jenen Gedanken identifiziert. Je aufmerksamer die bewusste Beobachtung im Vergleich zur gedanklichen Rotation ist, umso langsamer wird das Gedankenkarussell. |
| **2. Bewertungen und Etikettierungen wahrnehmen und durchbrechen** | 36 | Emotionsgeladene, einseitige Bewertungen machen die Schwungkraft des Gedankenkarussells aus. Dahinter stecken Projektionen, die uns an anderen beschimpfen lassen, was wir selbst integrieren könnten. |
| **3. Freude kultivieren** | 42 | Entweder wir sind im Gedankenkarussell oder im Zustand purer Freude ... Die von allen äußeren Umständen unabhängige innere Freude bildet einen Gegenpol zum Gedankenrädchen. |
| **4. Milchzähnchen und andere Egoidentifikationen fallen lassen** | 48 | Da wir immer da besonders verwundbar sind, wo unser Ego blüht, rast auch genau an den Punkten das Karussell am schnellsten. Deshalb ist es sinnvoll, sich von Egoanhaftungen zu befreien. |

| Einstieg | Effekt | Selbsterforschung |
|---|---|---|
| 1. Ich beobachte mit »interessierter Teilnahmslosigkeit« die Abläufe in meinem Kopf.<br>2. Ich stärke die beobachtende Instanz in mir, indem ich sie immer wieder bewusst einnehme. | Es entsteht eine Pause im Getümmel unfreiwilliger Gedanken. | ➢ Wie leicht fällt es mir, gedankliche Selbstläufer, die mir nicht gut tun, von außen zu betrachten? |
| 1. Ich werde mir meiner emotionsgeladenen Urteile bewusst.<br>2. Ich unterlasse oder objektiviere sie, oder ich nehme sie mir noch bewusster vor. | Wenn Werturteile fundierten Aussagen weichen, ist der Umzug in die friedliche Realität eingeleitet. | ➢ Wie fühlt es sich für mich an, einseitige Bewertungen durch ihr Gegenteil zu ersetzen?<br>➢ Wie wichtig sind mir meine Meinungen? |
| 1. Ich lasse mich in das Gefühl der grundlosen Freude fallen.<br>2. Ich achte bewusst darauf, mehr Freudvolles in mein Leben zu integrieren. | Im Zustand der Freude ist kein Widerstand dem Leben gegenüber. | ➢ Was bereitet mir Freude?<br>➢ Gelingt es mir, mich auf so etwas wie die Freude an sich zu konzentrieren? |
| 1. Ich mache mir klar, richtig klar, was ich gewinne, wenn ich an nichts mehr hänge.<br>2. Ich miste materiell, seelisch und geistig aus. | Die Befreiung von Egoidentifikationen erhöht den Energiepegel und die Lebensfreude. | ➢ Was brauche ich?<br>➢ Was kann ich entbehren? |

| Ausstiegsimpulse | Seite | Kurzerläuterung |
|---|---|---|
| **5. Die Jetztflucht beobachten und bändigen** | 56 | Da das Ego auf Sicherheit aus ist, bemüht es sich ständig, die Schlappen der Vergangenheit in der Zukunft zu verhindern. Dadurch wird die Gegenwart verpasst und das Leben wird auf einen Vergangenheitsausschnitt reduziert. |
| **6. Auf den nächsten Gedanken warten** | 62 | Je bewusster wir sind, umso weniger können uns unfreiwillige Gedanken packen: entweder Gedanken oder Bewusstsein. |
| **7. Erwartende Bereitschaft** | 68 | Mit dieser Verinnerlichungsherausforderung wird die vorige gesteigert: Der Geist wird in erwartender Bereitschaft an und für sich gehalten, wodurch das Karussell keine Drehchance mehr hat. |
| **8. Automatismen durchbrechen** | 74 | Da Wachheit und Automatismus einander widersprechen, können wir durch die befreiende Schlagkraft unserer Wachheit einengende Automatismen durchbrechen. |

| Einstieg | Effekt | Selbsterforschung |
|---|---|---|
| 1. Ich beobachte meine Jetztflucht.<br>2. Ich lenke meine Aufmerksamkeit auf die Gegenwart. | Durch den Ausstieg aus dem Gegenwartsfluchtexpress entsteht mehr Gelassenheit und die Beobachterposition festigt sich. | ➢ Was treibt mich besonders in die Jetztflucht?<br>➢ Wann ist meine jeweilige Gegenwart besonders attraktiv? |
| Wie ein Luchs auf der Lauer liegend warte ich auf den nächsten Gedanken und bin so außerhalb des Karussells. | Die wache Lücke im Gedankenstrom ist ein Jubelplätzchen der Freude. | ➢ Wie gefällt es mir, im wachen, bewussten Nicht-Denken zu verweilen? |
| Ich konzentriere mich auf mein Präsent- und Wachsein. | Eine seelische und geistige Weite beflügelt die Innehaltenden. | ➢ Wer bin ich, wenn ich einfach nur geistig ganz präsent bin? |
| 1. Ich will bewusst, was ich sowieso tue.<br>2. Ich nehme Stereotypes an mir wahr und spüre, wie es den Kontakt zu mir und andern reduziert.<br>3. Ich steige aus. | Mehr Nähe zu sich und andern und eine intensivere Teilnahme am Leben sind die Folge. | ➢ Welche einschränkenden Automatismen beobachte ich an mir?<br>➢ Wie lebte ich ohne sie? |

## Ganz normales Leid bändigen

| Ausstiegsimpulse | Seite | Kurzerläuterung |
| --- | --- | --- |
| **9. Aus unerfreulichen Situationen aussteigen** | 82 | Am entspannendsten ist es, unerfreuliche Situationen vollständig zu *akzeptieren*, wenn wir sie weder *verändern* noch *verlassen* können. Jammern wir uns hingegen fest, beschleunigen wir nur das Gedankenkarussell. |
| **10. Geliebte verlieren** | 88 | Beim Verlust geliebter Menschen sind wir herausgefordert, uns auch innerlich von ihnen derart zu lösen, dass zwar eine liebende Verbundenheit bleibt, aber jedwedes Hadern aufgelöst oder konstruktiv umgewandelt wird. Andernfalls bliebe der Verlust ein Energieräuber oder Gedankendrehstoff. |
| **11. Angst loswerden** | 94 | Der Übergang von nützlichen, uns beschützenden Ängsten zu solchen, die uns einengen, liegt vor, wenn das Gedankenkarussell aus kleinen Mücken Horrorelefanten macht. |

| Einstieg | Effekt | Selbsterforschung |
| --- | --- | --- |
| 1. Ich erkenne, in welche Kategorie eine bestimmte Situation fällt.<br>2. Ich leite Taten oder vollständige Akzeptanz ein.<br>3. Ich denke und handle geradeaus, das heißt zielgerichtet. | Entspannung, Vertrauenssteigerung, sogar Hingabe nach der Nutzung eigener Ressourcen. | ➢ Was löst die unerfreuliche Situation in mir aus?<br>➢ Will ich, dass sie mit mir umgeht oder dass ich mit ihr umgehe?<br>➢ Was ist zu tun? |
| 1. Ich trauere mich aus, aber nicht fest.<br>2. Ich spreche über die guten und unguten Seiten des Verlusts.<br>3. Ich vollziehe den Abschied. | Heimkehr zu sich selbst und neue Öffnung dem Leben gegenüber. | ➢ Was brauche ich, um den geliebten Menschen ziehen zu lassen?<br>➢ Wie könnte ich mir das selbst ermöglichen? |
| 1. Ich halte bei dem Angstgefühl inne.<br>2. Ich nehme mit der Angst, aber nicht mit der beängstigenden Situation Kontakt auf.<br>3. Ich beschreibe das Angstgefühl genau. | Die Angst löst sich in der Weite eines sie umfassenden Bewusstseins auf. | ➢ Sind meine Ängste wirklich nur beschützend oder engen sie mich ein?<br>➢ Was wäre, wenn ich liebte, was mich ängstigt? |

# Selbst gestricktes Leid auflösen

| Ausstiegsimpulse | Seite | Kurzerläuterung |
|---|---|---|
| **12. Emotionalen und mentalen Amoklauf beenden** | 103 | Beim emotionalen und mentalen Amoklauf haben wir uns von der Realität entfernt und ruinieren stattdessen unsere Gelassenheit und Lebensfreude, indem wir entweder ein normales Leid maßlos übertreiben oder uns aufgrund von Altmist in etwas hineinsteigern, was gar keinen Realitätsgehalt hat. |
| **13. Nicht mehr am Unglück hängen** | 110 | Natürlich hängen wir nicht bewusst am Unglück, aber unbewusst verharren wir im Bannkreis einschränkender Erfahrungen. Dieser Bannkreis beschneidet Glücksmöglichkeiten und tobt sich in falschen Interpretationen aus. Das Glück wird als viel zu suspekt, um wahr sein zu können, erlebt. |
| **14. Sich gegen selbst gestricktes Leid ent-scheiden** | 116 | Die Kraft einer bewussten Entscheidung ist nicht zu unterschätzen. Ihr geht die klare Wahrnehmung des Eigenbeitrags zum Leid voraus. |

| Einstieg | Effekt | Selbsterforschung |
| --- | --- | --- |
| Ich bejahe alles, was ist, um gelassen und handlungsfähig zu werden. | Große Entspannung, weil der Kampf gegen die Realität beendet ist. | ➢ Was bringt mich auf die Palme?<br>➢ Kann ich absolut sicher sein, dass meine Palmensicht gerecht und wahr ist?<br>➢ Wie geht es mir mit dieser Sicht?<br>➢ Wie ginge es mir ohne sie? |
| 1. Ich nehme die heimliche und merkwürdige Lust am Unglück selbstehrlich wahr.<br>2. Ich decke die Absurdität der Unglücksanhaftung durch bewusste Übertreibung derselben auf. | Wonnen erster Wahl sprengen den Bannkreis einschränkender Erlebnisse; Leben ohne Drama. | ➢ Welches Glück ist mir nicht bestimmt?<br>➢ Kann ich sicher sein, dass ich den mir »bestimmten« Glücksradius richtig einschätze?<br>➢ Welches größere Glück erlaube ich mir? |
| 1. Beim Abdriften ins selbst gestrickte Leid kehre ich bewusst zur Gegenwart zurück.<br>2. Ich spreche ohne Groll alle Leidauslöser an.<br>3. Ich schreibe auf, wie bestimmte Angelegenheiten aus den Leiddrehern entlassen werden können. | Mit der tief gemeinten Entscheidung für bestimmte Ergebnisse ist bereits die halbe Befreiung eingesackt. | ➢ Will ich die Emotionen, die mich im selbst gestrickten Leid übermannen, wirklich haben? |

| Ausstiegsimpulse | Seite | Kurzerläuterung |
| --- | --- | --- |
| **15. Sich keine Sorgen machen** | 122 | Sorgen sind mehr oder minder realistische Was-wäre-wenn-Gedanken, die unser Hirnrädchen unnötig beschleunigen. Sie werfen sich auf eine jetzt nicht gestaltbare Zukunft, wodurch sie sich vom umsichtigen Vorausplanen unterscheiden. |
| **16. Nicht mehr warten** | 128 | Das Warten ist ein Geisteszustand, mit dem Gegenwart und Handlungsspielräume übersprungen werden. |

| Einstieg | Effekt | Selbsterforschung |
|---|---|---|
| 1. Ich frage mich: Welche Sorgen kann ich durch umsichtiges Vorausplanen ersetzen?<br>2. Welches Problem habe ich *jetzt*, nicht später? | Freisein von Sorgen ermöglicht die Hingabe an die Gegenwart. | ➢ Wie fühlen sich meine Sorgendreher an?<br>➢ Haben sie jemals etwas Konstruktives bewirkt?<br>➢ Wie könnte ich meine Sorgen mit einer konkreten Tat beantworten? |
| 1. Ich frage mich, worauf ich unterschwellig oder bewusst warte.<br>2. Ich übe das Verweilen und Genießen der Gegenwart. | Im besten Fall: Umzug in die Gegenwart! | ➢ Wann genieße ich den Augenblick?<br>➢ In welchen Situationen bejahe ich, was ist?<br>➢ Wie könnte ich mehr davon in mein Leben einbauen? |

## Der Gegenwart innewerden

| Ausstiegsimpulse | Seite | Kurzerläuterung |
|---|---|---|
| **17. Der Körper als Gegenwartsanker** | 136 | Wer sich sinnlich seinem Körper hingibt, dessen Lebendigkeit richtig pulsieren spürt, kann nicht gleichzeitig im Gedankenkarussell hocken. Deshalb ist der Körper ein hervorragender Gegenwartsanker. |
| **18. Sich voll in die Gegenwart werfen** | 144 | Unser Hirnrädchen kann gar nicht in belastende Gefilde abschwirren, wenn wir unsere gesamte Aufmerksamkeit auf die Gegenwart lenken. »Jetzt lese ich diese Kurzerläuterung.« |
| **19. Anstrengung verstehen** | 150 | Der Begriff der Anstrengung ist zu differenzieren: einmal als Kräfteverschleiß und dann als gute Herausforderung, das eigene Potenzial auszufahren. |

| Einstieg | Effekt | Selbsterforschung |
|---|---|---|
| 1. Ich kultiviere meine Sinnesfreuden und konzentriere mich auf gegenwärtige Sinneseindrücke.<br>2. Ich atme immer wieder bewusst.<br>3. Ich verweile beim Lebendigkeitsgefühl des Körpers und beim körperlich spürbaren Empfindungsniederschlag meiner Emotionen. | Der Geist gelangt so vom schwächenden Rotationstrip zur stärkenden Gegenwartsinnewerdung. | ➢ Wie fühlt sich mein Körper jetzt gerade an?<br>➢ Bin ich bereit, auch bei weniger Gemütlichem zu verweilen?<br>➢ Wie fühlt sich mein momentaner Seelenzustand auf der körperlichen Ebene an? |
| 1. Ich konzentriere mich auf das, was der Moment bietet.<br>2. Ich spüre auch sinnlich in diesen Moment hinein. | Erlebnismäßige Intensivierung dessen, was sowieso ist; Zeitdehnung. | ➢ Wie lenke ich mich vom jeweiligen Moment ab?<br>➢ Ist das, was ich glaube tun zu müssen, wirklich so wichtig? |
| 1. Ich nehme wahr, wann und wo ich mich freudlos und zermürbend anstrenge und welche Anstrengungen mich beleben.<br>2. Ich finde heraus, was sich hinter unguten Anstrengungen verbirgt.<br>3. Ich setze mich mit meinen Maßstäben auseinander, um den Wechsel von schwächenden zu belebenden Anstrengungen leichter vollziehen zu können. | Mehr Leichtigkeit und Lebensfreude ergeben sich durch belebende Prioritäten. | ➢ Was strengt mich ungut an? Was belebend?<br>➢ Wie könnte ich mit Herz und Seele tun, was ich tue? |

| Ausstiegsimpulse | Seite | Kurzerläuterung |
| --- | --- | --- |
| **20. Die Oberfläche durchdringen** | 158 | Von außen betrachtet nehmen wir unsere Form wahr, von innen unser Bewusstsein; von außen also die materielle Oberfläche, von innen die immaterielle Tiefe. Möglicherweise hat *alles* eine irgendwie geartete bewusstseinsmäßige Innenseite. |
| **21. Das spürigste Tempo finden** | 164 | Irgendein Tempo haben wir bei allem, was wir tun. Die Frage ist nur, ob es jeweils das für uns förderlichste ist – eben ein solches, bei dem wir am intensivsten leben und spüren. |
| **22. Die Kraft der Gegenwart spüren** | 170 | Wenn unser Denkapparätchen auf Hochtouren läuft, hat sich das Gegenwartserleben verabschiedet. Da die Gegenwart aber dennoch da ist, können wir jederzeit unsere Aufmerksamkeit auf sie richten, um das Gedankenkarussell anzuhalten. Wenn es sehr schnell saust, besinnen wir uns auf den *Erlebnisniederschlag* seines Textes. |

| Einstieg | Effekt | Selbsterforschung |
|---|---|---|
| 1. Ich konzentriere mich auf den Unterschied zwischen mir als Form und mir als Bewusstsein.<br>2. Ich tu mal so, als könnte ich mich in das Bewusstsein von allem andern versetzen. | Die Verbundenheit mit dem Leben wächst immer mehr. | ➢ Wie leicht fällt es mir, mich auf meine Innenseite einzustellen?<br>➢ Und wie leicht, mich in die Innenseite von anderen hineinzuspinnen? |
| 1. Ich nehme mein Tempo bei den verschiedensten Aktivitäten wahr und stelle fest, ob es mir die größte Lebensintensität gewährt.<br>2. Ich frage mich, wann welches Tempo für mich das beste ist. | Die Erlebnisintensität genau zwischen Hetze und Verschneckung ist die größte. | ➢ Hetze ich mich zu oft?<br>➢ Wann erlebe ich guten, wann unguten Stress?<br>➢ Wann stecke ich in lähmendem Trödel- oder Verzettelungsmorast?<br>➢ Ausstiege? |
| 1. Welche Post geht grad bei mir ab und wie fühlt sie sich an? Darauf konzentriere ich mich, nicht auf ihren Inhalt.<br>2. Ich sorge für ausreichend sinnliche, geistige und seelische Genüsse, um mich im Jetzt zu verankern. | Die Kraft der Gegenwart düngt unser Vertrauen. | ➢ Wie leicht fällt es mir, mich ganz auf das Erleben dieses Moments einzulassen?<br>➢ Bin ich bereit, mehr Genuss in meinem Leben zu feiern? |

**Lieber meiseln**
**als kreiseln!**

# Anmerkungen

1 Vgl. hierzu: René Descartes: *Meditationen über die Grundlagen der Philosophie*, Felix Meiner Verlag, Hamburg 1960
2 Ken Wilber: *Eros, Kosmos, Logos*, Wolfgang Krüger Verlag, Frankfurt am Main 1996, S. 148
3 Ken Wilber: *Eros, Kosmos, Logos*, Wolfgang Krüger Verlag, Frankfurt am Main 1996, S. 347
4 Siehe hierzu die Ausführungen in Ute Lauterbach: *Spielverderber des Glücks*, Kösel-Verlag, München 2001, S. 187
5 Stanislaw Jerzy Lec: *Steckbriefe*, Carl Hanser Verlag, München 1986, S. 48
6 Rainer Maria Rilke: *Briefe*, hg. Karl Altheim, Insel Verlag, Wiesbaden 1950, Seite XX
7 Ken Wilber: *Halbzeit der Evolution*, Goldmann Verlag, München 1981, S. 78
8 Ram Dass: *Be here now*, Crown Publishing Group (NY), Juni 1971
9 Jacob Needleman: *Die Seele der Zeit*, Fischer Taschenbuch Verlag, Frankfurt am Main 2000, S. 156f
10 Fen-Yang: Quelle unbekannt.
11 Jean-Paul Sartre: *Die Fliegen*, Rowohlt Taschenbuch Verlag, Reinbek 1961, S. 18
12 Martin Heidegger: *Gesamtausgabe*, II Abteilung: Vorlesungen 1923-1944, Bd. 51. Grundbegriffe, Vittorio Klostermann, Frankfurt am Main 1991, S. 38
13 Frederick S. Perls, Ralph F. Hefferline, Paul Goodman: *Gestalttherapie*, Deutscher Taschenbuch Verlag, München 1991, S. 41
14 Anne Philipe: *Nur ein Seufzer lang*, Rowohlt Verlag, Reinbek 1964
15 Siehe hierzu die Ausführungen in Ute Lauterbach: *Spielverderber des Glücks*, Kösel-Verlag, München 2001, S. 42ff

16 Rüdiger Safranski: *Das Böse*, Fischer Taschenbuch Verlag, Frankfurt am Main 1999, S. 326
17 Tony Schwartz: *Was wirklich zählt*, Knaur, München 1996, S. 264
18 E.M. Cioran: *Gevierteilt*, Suhrkamp Verlag, Frankfurt am Main 1982, S. 120
19 Novalis: *Historisch-kritische Ausgabe der Novalis-Schriften*, Band 2, Kohlhammer Verlag, Stuttgart 1965, Fragment Nr. 188, S. 563
20 Zitiert nach Henning von der Osten: *Über die Welt und über Gott*, Context Verlag, Bielefeld 1993, S. 208
21 Frederick S. Perls, Ralph F. Hefferline, Paul Goodman: *Gestalttherapie*, Deutscher Taschenbuch Verlag, München 1991
22 Martin Heidegger: *Holzwege*, Vittorio Klostermann, Frankfurt am Main 1950, S. 293
23 Rainer Maria Rilke: *Briefe an einen jungen Dichter*, Insel Verlag, Leipzig 1929, S. 43
24 Arthur Schopenhauer: *Die Welt als Wille und Vorstellung*, Brockhaus, Wiesbaden 1972
25 Gertrude Stein: *Jedermanns Autobiographie*, Suhrkamp Verlag, Frankfurt am Main 1996, S. 80
26 Jens Peter Jacobsen: *Niels Lyhne*, Insel Verlag, Frankfurt am Main 1986, S. 100f

U T E   L A U T E R B A C H

Die Philosophin

## UTE LAUTERBACH

beeindruckt ihr Publikum durch messerscharfen Geist, mitreißenden Humor und darstellerisches Talent. Sie eröffnet mit ihrer nahezu kabarettistischen, lebendigen Art einen unüblichen Zugang zur Spiritualität, berührt das Innerste und Eigentlichste ihrer Zuhörer- und Leserschaft. Es gelingt ihr, schwierigste philosophische Sachverhalte verständlich und für die Praxis verfügbar zu machen.
Einstens Studienrätin für Philosophie und Englisch, heute Vorträge im In- und Ausland, Veröffentlichungen, Einzel- und Gruppenarbeit zur Problem- und Schmerzbewältigung, philosophische Abhebkurse, Ausbildungsangebot zur psycho-energetischen Integration. Ute Lauterbach leitet das *Institut für psycho-energetische Integration* in Altenkirchen im Westerwald.

## ERLEBEN SIE UTE LAUTERBACH LIVE!

Die jeweils aktuellen Vortrags- und Seminartermine finden Sie im Internet unter

**www.Ute-Lauterbach.de**

oder im aktuellen Jahresprogramm, das Sie ganz zwanglos anfordern können beim

**Institut für psycho-energetische Integration**
Zum Johannistal 1, D-57610 Altenkirchen
Tel.: +49 (0) 2681- 24 02, Fax: +49 (0) 2681- 24 05
e-mail: Info@Ute-Lauterbach.de

## Weitere Bücher von Ute Lauterbach

*Spielverderber des Glücks*, Kösel-Verlag 2001

*Ganz und Anders*, Alf Lüchow Verlag 1996

*Gelebtes Leben durch psycho-astrologische Integration*,
Alf Lüchow Verlag 1993

## Tonträger (Kassetten/CDs)

zu folgenden Themen sind ebenfalls beim Institut erhältlich:

1. Partnerschaft – ein Kampf auf Leben und Tod?
2. Wut als Glücksbringer
3. Projektion? Was ist das?
4. Schicksal fängt in der Familie an
5. Endlich schuldig – endlich frei
6. Wer zuletzt lacht, lacht zu spät
7. Verliebtheit als Entwicklungschance
8. Liebesrausch und Liebeshölle
9. Grundlos glücklich
10. Vom Laberschwall zum Lebenshall
11. Krankheit – das letzte Sprungbrett der Seele?
12. Der Tod als Denkmal
13. Wo versteckt sich Gott?
14. Dornröschens Erleuchtung (non-sense-less talk)
15. Rache ist sauer
16. Astroreise durchs Leben
17. Astrologie und Yoga
18. Superlearning: Schlüsselbegriffe zu den astrologischen Begriffen

BÜCHER UND TONTRÄGER
VON UTE LAUTERBACH
BEIM INSTITUT FÜR
PSYCHO-ENERGETISCHE
INTEGRATION

## Weiteres Angebot

Das Angebot des *Instituts für psycho-energetische Integration* umfasst ferner LaUTErbach-Shirts. Näheres im Internet oder beim Institut.